ASUKA CULTURE

英語が1週間でいとも簡単に話せるようになる本

私が挫折続きのあなたを助けます

早稲田大學エクステンションセンター講師
西村喜久
Yoshihisa Nishimura

明日香出版社

『英語が1週間でいとも簡単に話せるようになる本』

必ず〈英会話・挫折〉から救いだします！

本書でダメならもうあきらめて！

〈コメント〉

@理解しやすいように、あえて「質問応答形式」にしました。

@文章は、原則として日本文も英語も左頭出しに揃えました。

@強調したいところはゴチックにしてあります。

@関連で知っておいたほうがいい英語のルールや知識を〈脱線特別講座〉として付加しました。

まえがき

『英語が１週間でいとも簡単に話せるようになる本』
―――、いかにもな、タイトルの本を書きました。その背景には、英語を話したいと思っている方のためになるような本がこの世の中にはほとんどないのではという私なりの観測があります。なんとかしてあげたい、という切実な想いもあります。

ある日の日経新聞の全面広告にこんな趣旨の広告がありました。『英会話：４人に３人が成功、勉強しなかった人が『勝ち組』になる英会話、努力する勉強に終止符、気楽に聞き流すのがコツ』。―――、広告の内容をよく見れば、平均定価 4200 円の CD の 48 巻セット。総額でいったいいくらになるでしょうか。それなりの製作陣できっと真剣に製作されたことでしょうから、かならず効果もあがるだろうと私も思います。それだけの量をまじめに聴きこなせば、英語も上手になれるでしょうが、「そんな時間とお金と根気と勉強力、どこにある？」と思ってしまう人も多いのではないでしょうか。

日本には、『英語大好き！』というわけではないが、やはり外国人の方とすこしは話せる程度にはなりたい、かつてそれなりに勉強もしたけど、という 20 代から 60 代の男女が多いと思います。

しかし、残念ながら、学校英語、それも中学英語の程度の学力でも英語が短期間でものにできる感覚が身につく方法を解説した本は、日本中、探しても存在しないのです。すくなくとも私はお目にかかっていません。あれば、教えてください。

私は、〈どのようにすれば英語が話せるようになれるのか〉という視点から34年間、英会話のメソッドの開発に専念してきました。いわゆる**「西村式メソッド」**なるものです。

私は、生徒のために役に立つ英語学習についてネイティブ講師とも論争してきました。かれらの多くは「日本人はなかなか英語を覚えない」とこぼしていました。そこで、私が「あなたは今までどんなふうに教えているのですか」と聞くと、いいテキストを用いて、一歩一歩覚えさせるのだ、と言います。
そのテキストのひとつは、たとえば、忘れもしない「Spoken American English（研究社）」の本です。
私は、ネイティブに言いました。
「あなたがそのテキストを用いての暗記学習を重要視するなら、あなたもそのテキスト通りに覚えてみてください」
驚いたことに、最初のころは覚えていましたが、抜き打ちテストをするとネイティブの誰もがまともにテキスト通りの会話を覚えていなかったのです。唖然としました。
ネイティブが覚えることができないものを、またネイティブがテキスト通りの会話をしていないのに、その方法を受講生に薦めるなんて、論外ではないでしょうか。

言葉は人それぞれに目、鼻の形がちがい、性格も、育ちもちがうように英語の表現方法はちがって当たり前なのです。それを暗唱という方法で片付ける学校英語にメソッドはなかったのです。さらにネイティブも確かなメソッドなど持っていなかったのです。

当時の日本の英会話教育には教育メソッドがないということを確信しました。それから、私は、長いトンネルの中を「ああでもない。こうでもない」と試行錯誤の研究に研究を重ねてきました。そして、ついに、どうすれば**〈自らの意思と発想力で言葉を創造する、つまり自分の言いたいことを英語で伝えられるか！〉**というメソッドを創出したのです。それが「西村式」です。方法自体は、年々、改良されて、効果も確認すみです。

かつて、私は早稲田大學エクステンションセンターで「西村式」講座を開いていました。年々、受講生が増えて、教室も増えていました。ここでは、かつての英語難民で救われなかった人はいません。英語、英会話は西村式にお任せください。「西村式＋ネイティブとのFree Conversation」が今後の学校英語でも必要不可欠だと自負しています。

早稲田大學エクステンションセンターの受講生の鈴木利明さんは「全く英語を話せなかった私がこの教室に来るようになって、2年連続の海外旅行でも全く会話に困らなかった」と述べています。（2008年3月／サンケイリビング社）

「西村式」は、http://www.english-library.net/でも公開しています。

「絶対に損はさせません」。

あっ、こんな言い方は、いやらしい、というか品性がないですね（笑）。

こう言いかえます。

『英会話の挫折者を私が救い出します！　この方法でダメならもう英会話は諦めなさい』。

さあ、それでは、勇んで、『いとも簡単に英語が話せる講座』へどうぞ（＾＾）

　　　　　　「日本人の英会話力向上」に半生をかけている

　　　　　　　　　　　　　　　　　　　　　　西村喜久

目　次

まえがき ……………………………………………………………… 3

1日目 ここに気がつけば、目からうろこで英語がわかりだす（＾　＾）

英会話上達のポイント① ……………………………………… 18
　英語は、『こうするとああなる！』という〈因果関係〉で動詞も、形容詞も、前置詞も、接続詞も意味がどんどん広がる！　―――このことを最初に理解すること。

英会話上達のポイント② ……………………………………… 21
　暗記英語では、思い出せないとおしまい。通じる英語は〈情景で（言いたいことを）発想して、相手に伝える〉。

脱線特別講座　outの使い方をマスターしましょう！ ……… 23

英会話上達のポイント③ ……………………………………… 26
　英語は因果関係で意味が広がるという法則は、形容詞にも、副詞にも動詞にも、接続詞にもすべてについて成立する。

脱線特別講座　副詞の使い方をマスターしましょう！ ……… 31

2日目　動詞を大つかみしてしまえば英語表現力は爆発する！

英会話上達のポイント④ ……………………………………… 36

　主な動詞の使い方をマスターすると自分でも驚くほど英語が使えるようになる。

英会話上達のポイント⑤ ……………………………………… 39

　（1）say の活用自在の世界を知ると自分でも驚くほど英語が使えるようになる。

脱線特別講座　say の使い方をマスターしましょう！ ……………… 42

英会話上達のポイント⑥ ……………………………………… 48

　（2）take の応用自在の世界を知ると自分でも怖くなるほど英語が話せるようになる。

脱線特別講座　for と to の使い方をマスターしましょう！ ………… 50

英会話上達のポイント⑦ ……………………………………… 58

　副詞を動詞との関係において、覚えてしまうと英会話の表現は、加速度的に上達する。なかでも大事なのは、out、up、down、off、away、in、on——の7つの副詞だ！

3日目 Haveの使い方で英語の世界が変わる！

英会話上達のポイント⑧ ……………………………… 68

haveは、活躍無限大の世界！　一気に会話の奥行きが増します！

英会話上達のポイント⑨ ……………………………… 69

動詞は、〈2つの方向〉で理解する。動詞には「←方向」と「→方向」の2つの意味がある。

4日目 Get, Give, Come と Go の使い方であなたの英語が変わる！

英会話上達のポイント⑩ ……………………………… 76

getの「←方向」（内向き）の意味は、『他からされる』状態。『主語が何もしなくても他から向けられる』

getの「→方向」（外向き）の意味は、『ある方向に徐々に向かう』、『ある状態に徐々に向かう』。

英会話上達のポイント⑪ ……………………………… 81

〈giveの世界〉は〈許しの世界〉と覚えよう！

英会話上達のポイント⑫ ……………………………… 92

comeは、『近づく』を意味し、goは、『離れていく、残る』を意味する。

5日目 情景発想法で
「どんどん英語を話してみる！」

英会話上達のポイント⑬ ・・・・・・・・・・・・・・・・・・・・・・・・・ 98
　英語は因果関係で意味がひろがるので、〈力と方向感覚で意味をとらえる〉ことで、情景的に表現すると、いろいろなことがいとも簡単に話せる。

英会話上達のポイント⑭ ・・・・・・・・・・・・・・・・・・・・・・・・・ 99
　ハイフンの打ち方は、次の3つを覚えておく。

基礎特訓1　『キャ〜、痴漢だわ！』・・・・・・・・・・・・・・・・・ 102
基礎特訓2　『彼は会社でつらい目にあっている！』・・・・・・・ 103
基礎特訓3　『トイレに行きたいわ』・・・・・・・・・・・・・・・・・・・ 107
基礎特訓4　『頭にくるよ！』・・・・・・・・・・・・・・・・・・・・・・・・ 108
基礎特訓5　『嫌味を言ってやがる！』・・・・・・・・・・・・・・・・・ 109
基礎特訓6　『生意気なやつだ！』・・・・・・・・・・・・・・・・・・・・ 110
基礎特訓7　『弱音を吐く』・・・・・・・・・・・・・・・・・・・・・・・・・・ 112
基礎特訓8　『彼女はけちだよ！』・・・・・・・・・・・・・・・・・・・・ 113

6日目 怖いほど話せる！ 応用練習23

英会話上達のポイント⑮ ……………………………… 116
「英語＝日本語」の単語や文章を作るのではなく、情景から見て、真実の気持ちや状態を伝えること、すなわち、〈情景発想法〉こそ正しい、英語上達の近道なのです。

応用特訓1 彼女は私のことを教養がないと侮辱した。…… 118
応用特訓2 いい加減にしろよ。………………………… 121
応用特訓3 あんた、（自分を）何様だと思っているの。… 122
応用特訓4 彼女はおまえにいかれているぜ。………………… 123
応用特訓5 過ちをしても仕方ないさ。……………………… 125
応用特訓6 多くの人の前ではあがってしまい、うまく歌えないよ。
………………………………………………………… 126
応用特訓7 これだけ車が混んでいたのでは、会議の時間に間に合わないよ。なんとかしなければ。………… 127
応用特訓8 どうも私はA議員だけは不信感が払拭できないわ。
………………………………………………………… 128
応用特訓9 景気の見通しは来年度も依然厳しいだろう。… 129

脱線特別講座 fall をマスターしましょう！ ……………………… 132

脱線特別講座 until, by の使い方をマスターしましょう！ ……… 134

| 応用特訓 10 | 広島食堂で食べたカキで食中毒が発生し、20人が微熱、腹痛、下痢などの症状で虎の門病院へ入院した。 ………………………………………………… 136

脱線特別講座 助動詞の使い方をマスターしましょう！ ………… 139

| 応用特訓 11 | 神奈川県警は山田氏を薬事法の違反で逮捕した。調べによると山田氏はやせぐすりと称して高校生にニセの健康食品を販売した疑い。 …………… 142

脱線特別講座 catch と take のちがいをマスターしよう！ ……… 144

| 応用特訓 12 | 今夜のテレビ番組『篤姫』はみものらしい。… 147

脱線特別講座 miss と lose をマスターしよう！ …………………… 147

| 応用特訓 13 | 議員の7割近くがその法案の制定に賛成した。
……………………………………………………… 151

脱線特別講座 against の使い方をマスターしましょう！ ………… 152

| 応用特訓 14 | タンカーが転覆。原油流出で、海苔の損害救えず。
……………………………………………………… 154
| 応用特訓 15 | 鳥愛護会の会長が狩猟解禁の時に狩猟していたとは、いったい何を考えているんだ！　矛盾しているよ。 ……………………………………………… 156

| 脱線特別講座 | even though の使い方を覚えましょう！ | 158 |

| 応用特訓 16 | このままでは石油は底をつく。資源節約に努力が必要である | 160 |

| 脱線特別講座 | help と save の使い方をマスターしよう！ | 161 |

| 脱線特別講座 | 便利な文末フレーズを覚えましょう！ | 164 |

| 脱線特別講座 | kill の使い方を覚えましょう！ | 165 |

| 応用特訓 17 | 地球の温暖化をくい止めるために、われわれにはより活発な論議が必要です。 | 167 |

| 脱線特別講座 | a way of～と how to～のちがい！ | 169 |

| 脱線特別講座 | 比喩的な表現を覚えてしまおう！ | 170 |

| 応用特訓 18 | 嫁と姑（しゅうと）は、いつも骨肉の争いを展開している。先日も嫁は、姑さんの一言にぶちきれていた。どっちもどっちで、頭が痛い。 | 172 |

| 脱線特別講座 | cover の使い方をマスターしましょう！ | 173 |

| 応用特訓 19 | 出会い系のサイトで知り合った女性に無理に高額な商品を買わせていた男が逮捕された。 | 175 |

| 応用特訓20 | 干ばつに見舞われている北部アフリカは、緊急援助でアメリカから届けられたトウモロコシの受け取りを「遺伝子汚染」として拒否している。… 177 |
| 応用特訓21 | ソウルに上陸した台風は、北朝鮮でも多数の死者、行方不明者を出した。多くの田畑が冠水し、収穫は絶望的と報じられており、食糧難がさらに加速することが懸念されている。……………… 179 |

脱線特別講座 fail の使い方をマスターしましょう！……………… 182

| 応用特訓22 | 異常気象のせいか、サメが日本海のビーチ沿いで見つかった。5メートル近くあるサメの出現で海水浴の客に注意を呼びかけている。…………… 185 |
| 応用特訓23 | 多摩川にあざらしが迷い込んだ！ はたして捕獲してやるのが幸せなのか、むつかしい判断だね。………………………………………………… 187 |

7日目

BRUSH UP！　あなたの英語

総仕上げに、
長文も、
コピー文句もこなしてみよう！

例題1 ……………………………………………………… 192
例題2 ……………………………………………………… 195
例題3 ……………………………………………………… 196
例題4 ……………………………………………………… 199
例題5 ……………………………………………………… 199
例題6 ……………………………………………………… 200
例題7 ……………………………………………………… 201
例題8 ……………………………………………………… 202
例題9 ……………………………………………………… 204

あとがき ……………………………………………………… 207

1日目

ここに気がつけば、目からうろこで英語がわかりだす（＾＾）

『日本語と英語とではここがこうちがうのだ！』

こんにちは。西村喜久です。
断続的に10年近くも英会話をやっているけど、うまく話せない、という30代の青年が、ある日、私のところにやってきました。Qさんとしておきます。
彼のように『英会話上達がままならない』と悩んでいる人は多いはずですので、彼の質問に答える形で、〈**英会話がいとも簡単に話せるようになる秘訣**〉をお伝えします。
なんといっても西村式にはメソッドがありますから。
どうぞこの1週間で、英会話上達の方法を会得されますように（＾＾）

英会話上達のポイント①

英語は、『こうするとああなる！』という〈因果関係〉で動詞も、形容詞も、前置詞も、接続詞も意味がどんどん広がる！
——このことを最初に理解すること。

Q)「西村先生はずいぶん変わった方法で授業をされていると聞きました。長年、英語を学んでいるのに、ちっとも英語が話せないというのは、日本の英語教育がどこかまちがっているのでしょうか」

N)「言いたくはないのですが（＾＾）、『学校の英語教育がまちがっていたからあなたのように、何年やっても英語が話せないという結果があるのです』。日本人は、ネイティブ神話に弱いですが、私の経験では、実際はネイティブも〈日本人にどう英会話を教えるべきか？〉というメソッドを持っている人は少ないように思います」

Q)「では私はどう対応すればいいのでしょうか」

N)「まず暗記式というか、丸覚えの学校の暗誦教育を超え、**英語の表現力**を磨くことです」

Q)「表現力ですって？　でも英語は暗記では」

N)「そこが、現在の英語教育でまちがっているところなのですよ」

Q)「えっ」

N)「確かに語学では暗記は大事です。しかし『暗記して**覚えたものをどう使うか**』という、いちばん大切なところに**現在の日本の英語教育はメソッドがありません。**

いいですか！　言葉は『**何が言いたいのか！**』という内容をまずはっきりさせることが大事なのです。そこさえおさえておけば、あとは、**あなたの意思と発想力で表現すればよいのです。**表現は、人それぞれに目鼻だちがことなるように、人それぞれの表現があっていいのです。
つまり暗記した英語にしばられて、（あっ、思い出せない）とか（忘れてしまった）と思うから、頭の中が真っ白になってしまって、ネイティブの前で立ち往生してしまうのです」
Q)「あっ、それ、なんとなくわかります」
N)「ですからあなたにはあなたの表現があり、西村には西村の表現があっていいのです。あなたが西村の英語表現どおりに言わなければならないということはないわけです。それでこそ、会話なのですよ。言葉なのです。英文法、語法もそのためのものなのです」
Q)「なるほど。そのとおりですね」
N)「ね〜、納得でしょ。語学は、理解し、納得できると上達が早くなるのです。納得もなしに、ただ暗記を強要されると、おもしろくないし、上達もしません」
Q)「そうか。野球でいえば、ピッチャがキャッチャにボールを投げる時、ある時はど真ん中に、ある時はインコース、ある時はアウトコース、ある時は高め、ある時は低めに、またある時は変化球、ある時はスローで、ある時は速球などで、ストライクをとる方法はいろいろあるようなものですね。それを暗誦教育だけでかたづけるというのでは話になりませんね」

N)「そうなんです。たとえば、『今日はよい天気である』を表現してみましょう。

あなたは、

Oh! Nice day, isn't it?

　（いい天気ですね）

私は、

Today the sky is so blue!

　（今日は空がとてもきれいです）

と表現し、私のワイフは

The weather is fine!

あるいは、

Today we have a beautiful day!

―――と表現します。どの表現でも同じ意味を伝えることができるわけです。この要領をつかむことです」

Q「そうか、金子みすゞの詩のように、『みんな　ちがって　みんな　いい』なのですね」

N)「そこで、どうしても知ってもらいたいのは次の〈英会話上達のポイント〉です」

英会話上達のポイント②

暗記英語では、思い出せないとおしまい。通じる英語は〈**情景で（言いたいことを）発想して、相手に伝える**〉。

Q)「これはどういう意味ですか？」
N)「言葉は『**こうするとああなる！**』という**因果関係**が成立して、文法が正しければ、すべて通じます。そのことを頭に入れておく必要があります。
たとえば、小さい子が近づいてくる車に気がついていない場面を想定してください。そのままだとぶつかりそうな気配で、『**危ないよ！**』ということを伝えたいとき英語で、どう表現しますか」
Q)「Dangerous！　ですか」
N)「あなたは『**危ない！**』**という日本語をそのまま英語にしようと発想しましたね**」
Q)「はい。いけませんか」
N)「確かに『危ない！』は Dangerous！　です。しかし、それで子供が無事にすむと思いますか」
Q)「—？—」
N)「Dangerous！　だけでは、**How** dangerous！（**どう危険なのか**）ということが伝わらないでしょう」
Q)「ああ、そうか！　では『**危なければどうすればよいのか**』で発想すればよいのですね」
N)「そこなのです。危機をさけて、安全を確保するためにはいろいろな表現方法があっていいはずです。たとえば、危なか

ったら、次のように言いませんか。
Hurry back !（急いで戻りなさい）
Don't move !（動かないで）
Look behind !（振り向きなさい！）
───『危なかったらどうすればいいのか！』ということを伝えるのが先なんですよ。美しい英語をさがしている間に子供は車にひかれてしまうかもしれませんからね」
Q）「ああ、なるほど。では Watch out ! でもいいわけですね」
N）「いいですね。そういう姿勢を持つと、英語を話せる人になれますよ（笑）。ここで、本題とはすこし離れるのですが、重要なことなので、関連知識として説明をしますね」
Q）「何の説明ですか」
N）「いま、あなたが言った、Watch out ! の out について。題して『脱線特別講座』としましょう（笑）。このコーナーでも英語が上達するための知識が身につきますよ。期待していてくださいね」

脱線特別講座 outの使い方をマスターしましょう！

> outの意味はここでは「**全体**」を表すのです。つまり **Watch out** は、『全体をよく見なさい！』から『気をつけて』という意味になる。

Q)「outは、単に『外に』という意味では」

N)「そのとおりですが、outの意味はここでは『全体』を表すのです。つまりWatch out！は、『全体をよく見なさい！』から『気をつけて』を意味します」

Q)「えっ。outが『全体』ですって」

N)「ええ。すこし脱線しますけど、ついでに説明しておきましょう（笑）。英語では『全体は丸い円』と想像してみてください。ですから丸い円＝whole＝allの連想ですね。

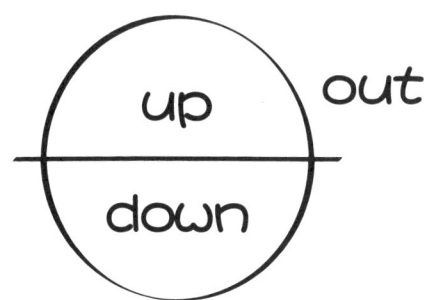

ですから「動詞＋out」で『外に』という意味のほかに、『徹底的に』『すっかり』『ちゃんと』『くまなく』とかの意味が出てくるのです。英語って、わりと面白いでしょう。outひとつの意味が納得できると、どんどんわかる世界が広がるのですから。

さて、脱線はここまで。機会があれば、別に副詞の意味や使い方も説明しますので」

Q）「となると、Watch out！ も『危ない！』という意味を伝えることができますね。watch outそのものは『ちゃんと見る』『気をつけなさい！』を意味しますから」

N）「ただ、Watch out！ だけでは『何をどう気をつければよいのか』が注意された本人には分からないので、その子供の命を救う表現としては適切ではないということです。そのあとに**Step aside to the right！**（右に寄りなさい）などを付け加えると、表現は完璧ですね」

Q）「ああ、わかった！ **その場の状況にふさわしくなければ表現としては不足だ**ということですね」

N）「そう。ここは子供を救わねばならないのです。このように状況に応じて**『そのとき、どうすればよいのか』**で発想することが必要なのです」

Q）「よ〜く、わかります」

N）「学校で教える英語と実際に用いられる英語との間に、こういうギャップがあるのですね。だから、そのギャップをうめるこつを会得すると会話は続くし、通じるようになるのです。このことは会話だけに言えることではありません、文語もそうです、機会を改めますが。そのポイントがわからないと英語で挫折することになるんですね。

私は、長い間、こいつをなんとかしなければならないと努力してきたのです。

そうして言葉を〈日本語＝英語〉と置きかえるのではなく、**『何がどうなるのか』**、**『何をどうすればよいのか』**という因果

関係で発想して英語にすると通じるということに気がついたのです。
あなたも発想方法を身につけるべきなのです。私は、これを**『西村式情景発想法』**という名でかつて早稲田大學エクステンションセンターで授業をしていました。これが爆発的な好評で、クラスがどんどん増設されていました。いや、ごめんなさい、自慢に聞こえますでしょうが、それほど反響があったんです」

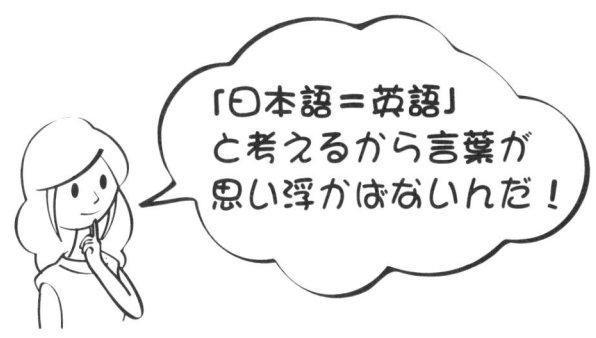
「日本語＝英語」と考えるから言葉が思い浮かばないんだ！

英会話上達のポイント③

> 英語は因果関係で意味が広がるという法則は、形容詞にも、副詞にも動詞にも、接続詞にもすべてについて成立する。

N)「『こうするとああなる』という因果関係を意識しなければならないのは形容詞も副詞も動詞もすべてそうです」
Q)「へえ」
N)「たとえば、drink はどういう意味ですか」
Q)「飲むという意味では」
N)「それから」
Q)「えっ? ほかに drink の意味があるのですか」
N)「当然ですよ」
Q)「そんなの、聞きはじめです」
N)「drink は『飲む』という意味があります。が、そこからが英語の面白いところで、『飲んで**どうするのか**』、『飲めば**どうなるのか**』という意味の広がりが出てくるのです。

drink が『飲む』という意味からは『もし飲めば、その結果どうなるのか』という if の意味の広がりを学校英語は教えていないのです。

つまり drink は

①『**お酒を飲んで酔っ払う**』であり、

I **drank** myself into a stupor.

　(私はお酒を飲んで意識がもうろうとしていた)

②『**お酒を飲んで祝う**』であり、

Let's **drink** a toast to your promotion.

(君の昇進に乾杯だ)

③お酒を飲んで『**飲み代を支払う**』であり、

Last night he **drank** away 30,000 yen.

　(昨晩、彼は3万円を飲み代に使った)

ここでの away は「3万円飲み代を支払って去る」の「去る」を意味します。

④お酒を飲んで『**祝う**』であり、

Let's **drink** your success!

　(君の成功に祝杯をあげよう)

⑤お酒を飲んで『**酒に溺れる**』

She gets **drunk** easily.

　(彼女はすぐに酒に溺れる)

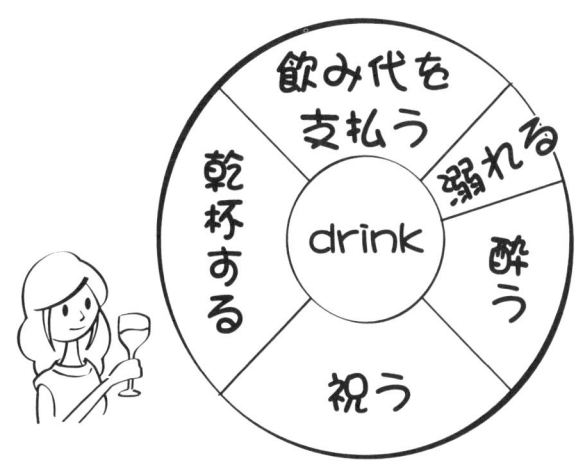

───のように5つもの意味の広がりがでてくるのです。
ねぇ、面白くなってきたでしょう」

Q)「なるほど。drink を『飲む』と覚えているだけではなく、

『飲んでどうするのか』、『飲んでどうなるのか』という結果の意味が出てくることを知るべきなのですね」

N)「そうなんです。drinkだけではありません。readにしても『読んで分る』『理解する』であり『勉強する』という意味の広がりがでてくるのです。ですから英語の単語の意味は『こうすると、ああなる』というifという〈因果関係〉で広がることを知ってもらいたいのです。こうして考えると英和辞典というのは英文を訳した『訳』だけが載っているのです」

Q)「いや〜、すばらしい！　動詞の意味も因果関係で広がるのですね。『英語は因果関係で意味を考える』というポイントは、とても大切な発想法なのだということがよく理解できました」

N)「それでは形容詞の勉強もしておきましょう。**hungry**の意味は」

Q)「空腹の、という意味でしょ」

N)「そのとおりですが、それから」

Q)「えっ？　他にあるんですか。空腹の、としか覚えていませんが」

N)「hungryという形容詞はどういう意味か。『空腹の』とか『腹がへった』という意味であまりにも有名ですね。実は、それだけで満足していては、損をすることになりますよ（笑）。動詞のdrinkに『飲む』という本来の意味があり、さらに『その結果どうなるのか』という結果を表す意味がいろいろありましたね。同じように形容詞のhungryには『空腹の』という本来の意味があるのですが、そのほかに**『その結果どうなるのか』**という結果を表す意味が出てくるのです。原理は同じ、です。つまり**『空腹であれば、食べたい』**という意味が出てくるので

す。
They are **hungry** for food.
　(彼らは食べものを欲しがっている)
つまり、空腹であればその結果、『〜を欲しがる』という意味の広がりが出てくるのです」
Q)「そうでした！　hungryに（欲しがる）という意味があるわけですね」
N)「そう、そう。『空腹である』、その結果『欲しがる』という因果関係で意味が広がりますから。ですから want も本来は『ない』を意味し、ないから『欲する』という意味も出てくるわけなのです。だから、like よりも強い意味が出てくるのもこのためなのです」
Q)「なるほど。ためして合点（がってん）だ（笑）」
N)「このポイントがわかると、英語の力もどんどん強くなります。
I am hungry for food. では、（食料がないのでその結果食料を欲しがっている）を意味します。
こんな表現もできますね。
He is *hungry* for her love.
とやると『彼は彼女の愛を欲しがっている』つまり『彼女の愛に飢えている』という切迫感のある表現ができるようになるのです。
大事なところなので、くりかえしますが、形容詞の hungry に『空腹の』という本来の意味があり、その結果（もしそうであれば）『どうなるのか』という発想によって、さらに『渇望する』、『切望する』という意味にも広がっていくわけです。ここが理解できると、ほんとに、目からウロコが落ちるように英語

の世界が見え出すのです。つまり学校英語では hungry の本来の意味を教えていないのです」

Q)「ということは、副詞だってそうですね」

脱線特別講座　副詞の使い方をマスターしましょう！

yet は『**至らない**』、その結果『**まだ（目的とするところに達しない）**』。yet は『**まだ現在までに終えていない**』、『**まだ着手していない**』という思いを伝えます。『**現在までにまだ〜していない**』を述べる時に用いるのです。

still は『**連続してある状態のままで**』、その結果「**なお**」、「**ずっと**」、「**連続して**」。

already は『**もうすでにある行為、動作、状態を現在までに終えている**』、あるいは『**着手してしまっている**』という思いがある時、『**もうすでに〜してしまっている**』、『**すでに〜を着手してしまっている**』、その結果『**時が経過している**』を表す時に用います。

yet、still、already などを使うと会話の内容がよりはっきりしてきます。yet は『まだ』という意味で理解している人も多いのですが、『至らない』と覚えてしまうとより意味がよくわかります。yet にそんな意味があったかなという学生さんも多いのですが（笑）。しかし、yet に『至らない』という意味があるからこそ、その結果『まだ（目的とするところに達しない）』という意味も出てくるのです。

He hasn't done it ***yet***.

　（彼はそれをまだし終えていない）

He is ***still*** doing it.

　（彼は今している、これからもし続けようとしている）

He has ***already*** done it.

　（彼はもうすでにし終えた）

still は『連続してある状態のままで』を意味します。その結果「なお」、「ずっと」、「**連続して**」などを意味するのです。そして already は『すでに動作、**行為状態が終って**』、その結果『**時が経過している**』を意味します。

ですから、ある目的とするものがあって、それに対して『目的とするところに至っていない』の、まだは yet を用い、目的とするところにすでに至っていて連続している状態を表す場合は still という副詞を用います。

still の本来の意味は時計回りの方向に『進んで』です。"進んで"というのは時計の針の進行方向に動作が『連続して、進んで』を意味するので、その結果『動作がまだ終わっていない』、『続いている』という状態から、『まだ』、『なお』を意味します。そして連続しているものを『ここまで』という区切りをつけるのが until の世界です。

Q)「目からウロコ、どころか。ぐんぐん、わかります」
N)「こういうときは一気に行きましょう！　続けますよ」
Q)「はい、お願いします！」
N)「絵を書いてみます。

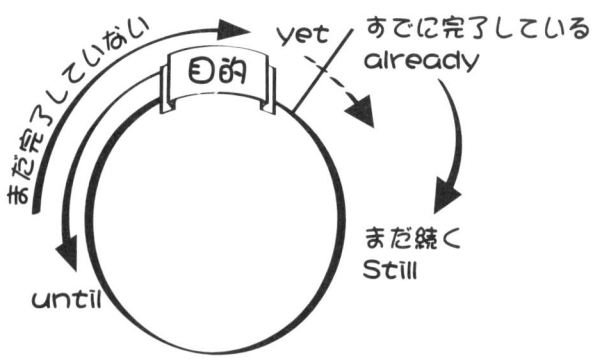

わかりますか。
until は『進むものをここまでで止めて』を表す前置詞であり、接続詞です。
このように動詞、形容詞、副詞などと同じく前置詞も接続詞も**因果関係**で意味が広がるのです」
Q)「ああ、めまいがするほど、わかる〜」
N)「それはよかった！ つづけますね。接続詞、たとえば、if はどういう意味かと問えば『**もしも、仮に**』という答えが返ってきそうですが、その意味だけではなく、その結果『**〜かどうかという結果が出ていない**』状況をも意味するのです。

If you are free tomorrow, please come to my house around 3 p.m.
　（もしあす暇なら、3時ぐらいに私の家に来てください）
このときの if は「もしも〜なら」という接続詞です。
I wonder **if** he will be able to come here.
　（彼がここへ来れるかどうかわからないと思う）
この場合の if は「**〜かどうか結果が出ていない**」を意味します。結果が出ていないので will, may や wonder（〜かしらと思う）という結果が出ていない動詞や助動詞と結びつくのです。
さらに前置詞にもすこしふれておきます。たとえば in と言えばどういう意味かと言えば『〜の中に』と覚えている人が多いようですが、in の本当の意味は『すでに動いて』、その結果『すでにある線、範囲にいる』、『**すでに加わっている**（ある状態になっている）』を表すのです。
ですから、in 2005 とやると『すでに時が動いて 2005 年になってしまって』を表し、未来形で用いる場合『時が動いて 2005 年になれば』という未来の結果を表します。

He is in trouble.

とやると『彼に問題がすでに加わっている』(結果)を意味し、『すでに困っている(状態)』を表すのです。

このように英語は因果関係で意味が広がるのです。

私が何よりも憂慮するのは『英語も因果関係が成立しなければコミュニケーションができない』ということすら学校では教えていないということです。

あなたは、このように『因果関係で意味が広がる』ということが英語を学ぶうえできわめて大切であるということを理解してくれましたか」

Q)「はい。十分に！　ありがとうございます」

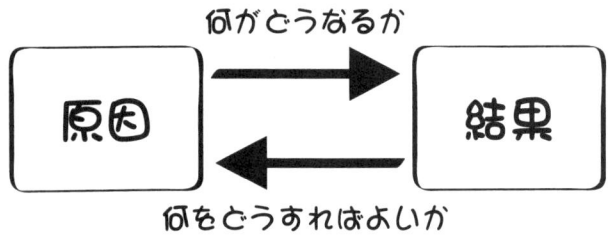

2日目

動詞を大つかみしてしまえば英語表現力は爆発する！

say◎同意語

同 意 語	本 来 の 意 味
say	**「内容」を伝える**
talk	限定した内容を伝える
tell	人に内容を伝える
speak	「言語を話す」「直接相手と話す」

英会話上達のポイント④

主な動詞の使い方をマスターすると
自分でも驚くほど英語が使えるようになる。

N)「だいぶ英語がわかってきて、勉強もたのしくなってきたようですね。その英語力をさらに爆発させる意味で、もう1つとても重要な要素があります。
それは、英語では**5大動詞**というものがあって、それをマスターすると、英語の表現力が一気に広がるようになる、ということです」
Q)「今日も目が輝いてきそうです（＾＾）」
N)「あとで詳しく述べますが、英語では、たとえば have という1つの動詞で、日本語でいうところの「食べる」、「着る」、「飲む」などをすべて表現してしまえるのです。日本語では、一語一語、独立した意味をもっているので、「食べる」という動詞を用いて「着る」という表現も「飲む」という表現もできません。
『あなたは素晴らしい服を食べていますね』とか、『この服を飲んでよ！』なんて、日本語になりませんね（笑)」
Q)「ああ、はい」
N)「この意味では、日本語を正しく使うには一語、一語をきちんと単語を覚える必要があるのです。ところが英語の動詞には「食べる」は『**どういう方向に向けるのか**』、『**飲む、着るはどういう方向に向けるのか**』のように『**方向**』**で意味が決まる世界**があるのです」

Q)「だから1つの動詞で色々な意味が出てくるのですね」

N)「そのとおりです。つまり、英語では伝えようとする言葉を『上に向ける』、『下に向ける』、『外にやる』、『内に向ける』のように、全部で **13の〈力と方向〉**で考える世界があります。このことの説明は機会を改めます。今は英語初心者がこれを知ると、英語表現が爆発するという（笑）、動詞の種類について学びましょう」

Q)「動詞の種類って何ですか。むつかしい話はいやですよ（笑）」

N)「結論から言うと、数ある動詞のなかでも、表現力を爆発させるには、『情景発想』に絶対に必要な感覚を身につけることと、『方向』を表す動詞に強くなることです。〈力と方向〉を表す5大動詞は、**say, have, take, get, give**———なんです。それについてはのちほどじっくりと学ぶとして、まず動詞の種類をざくっと大つかみしておきましょう。この世の中のすべての存在するものを述べるには、**「動」**・**「向」**・**「加」**という3つの動きが必要です。次の動詞などを見てください。

1　**「運ぶ」**・**「動く」**・**「動かす」**を表す
　　take、**put**、**come**と**go**、**work**と**use**の世界

「動」を表す動詞には「運ぶ」を表すtakeやputがあります。「近づく」を表すgetとcome。そして「離れる」を表すgoがあり、「動く」、「動かす」を表すtake、「機能する」を表すwork、そして「使用する」を表すのにuseがあります。

2 「**方向**」を表す get、give、turn

「向」とは主語から外、内に「向ける」「仕向ける」、「向かう」を表現する get, give があります。「回転する」を表す turn があり、「変化」を表す change, exchange があります。

3 「**加える**」「**加わる**」を表す make、take、have

「加」とは「0から何かをプラスする」を表す make。
そして「動いて目的とするところに加わる」、「加える」を表す take。
さらに「すでに加わっている」「相手にプラスをしてもらう」を表す have の3つの動詞があります。

4 「**現状を維持する**」を表す hold、wear、keep

　この世で作られたものはすべて「現状を維持する」必要がありますね。keep が使えると便利です。では、動詞のなかでも、知っておくと英会話が上達する重要な動詞について集中的に勉強しましょう」
Q)「こういうふうに学ぶとたしかに理解がすすみますね！」
N)「よかった！　では、動詞のなかでも、知っておくと英会話が上達する重要な動詞について集中的に勉強しましょう」

英会話上達のポイント⑤

(1) say の活用自在の世界を知ると
自分でも驚くほど英語が使えるようになる。

N)「I say. 私は言う。
——だけが、say ではないのですよ（＾＾）
the book says〜では、『**本の内容は〜となっている**』という意味になります。
this paper says〜では、『**この新聞では内容が〜となっている**』となります。
the ads says〜とやると『**この広告では〜と書かれている**』という意味になります」
Q)「なるほど。これが情景発想法ですか。なんか夢と希望が沸いてきます」
N)「情景発想法を身につけるために、次の日本語を say を使って英語にしてみましょう。『発想のしかた』を身につけましょう！
①彼は彼女に従順である。
従順である、という単語を知らないと、そこで、表現は止まってしまいます。が、情景を考えてみると表現の活路が開けてきます。つまり、従順であれば、say yes と言うと発想すると簡単ですね。
He usually *says* to her "Yes" for everything.
　　（彼は彼女にいつも何をするのにも『はい』という）
従順であるということを情景で伝えることができますね。

②彼女は彼を拒否した。

『拒否する』とは、No と言うと発想すると、

She ***said*** to him "No".

　(彼女は彼にノーと言った)

と表現すれば、同じ意味を伝えることができます。これが、情景発想の極意なんですよ。

③彼は彼女に結婚のプロポーズをしたが断られた。

『プロポーズをする』とは、『君と結婚したいと言う』ことなわけですから、

He *said* to her "I want to marry you."

と表現できますね。

『断られた』は、『断られたら、どうなるか』で発想すると、say "No"と言われた（said）と同じです。

He said to her "I want to marry you", but she said to him "No".

　(彼は彼女にあなたと結婚したいと言ったが、彼女はノーと
　　言った)

と表現すればよいのです。

『断る』は、refuse、だったかなあと思案するより、この言い方で意思は伝わるわけです。もちろん情景発想では、文章がすこし長くなりますが、黙ってしまうよりははるかに上等ですね。

④私はその計画には消極的である。

『消極的である』という単語が思い浮かばない場合でもあわてることはありません（＾＿＾）。知っていれば、その単語を使えばいいのですが、知らないときは情景発想です。次の表現で同じ意味が完璧に伝わります。

I can't say it's a good plan.

　(私はそれはよい計画であるとは言えない)

⑤法律では18才未満の人は禁煙と定めてある。

『法律では…と定めてある』は、the law says〜を用いることができます。

『18才未満の人』は、people below the age of 18 ですね。そうするとこの文章も簡単に英訳できます。

The law says that people below the age of 18 must not smoke cigarettes.

⑥新聞では午後7時から巨人対阪神戦があると載っている。

『新聞では〜と載っている（書かれている）』も

The newspaper says that〜

の形を用いればよいのです。簡単でしょう。

『巨人―阪神戦』は、have the game between The Giants and The Tigers（巨人―阪神戦がある）と発想すればよいのです。

『巨人―阪神戦』は2者間ですから、

between The Giants and The Tigers

あるいは、

the game, The Giants versus The Tigers

のように『,』を打ちます。コンマは『すなわち』を意味します。

The newspaper says that we are going to have the game between The Giants and The Tigers from 7 p.m.

どうです？　わかりますか」

Q)「sayという動詞は、情景発想をするのにとても便利ですね。なんか英語に自信が湧いてきました（笑）。たしかに、sayは『言う』という意味だけと決めてしまうと、大いに損をしますね（笑）」

N)「That's it !　その通りですよ」

[脱線特別講座] say の使い方をマスターしましょう！

それでは、まだまだ使えるということで、**sayを用いた情景発想**の表現例をあげておきましょう。
こんなふうに言えばいいのだと感動しますよ（＾＾）

> **①弱音を吐く＝say to 人 "I can't do it."**
> 『オレにはできないよ』ということですね。
> He said to me "I can't do it."
> 　（彼は私に『それができない』と言った）
> つまり、弱音を言った、ですね。
> **②感動する＝say to 人 "How nice!".**
> 感動とは『なんて素敵なんだ』と言うこと。
> I said to him "How nice!" when I saw the picture.
> 　（私はその絵を見たとき感動した）
> **③同意する＝say to 人 "I think so".**
> 同意とは『私もそう思う』と言うこと。
> I said to him "I think so, too."
> 　（彼に私もまたそう思いますと言った）
> **④うらむ＝say to 人 "I will kill you".**
> ＝うらむは、状況しだいですが、ときには『殺してやりたいと思う』というときもあるでしょう。
> I said to him "I feel like killing you" when he knocked down my son.
> 　（私は彼に息子が倒された時、殺してやると彼に言った）
> あるいは、そのときの情景によっては、簡単に、

"I hate you."（君を憎んでいる）と表現するのもいいでしょう。つねに状況に合わせた表現を考える習慣をつけることですね。

⑤ねたむ＝say to 人 "I want to be like you."

『君のようになりたいよ』と言う。

He is a good English speaker, so I'd like to say that "I want to be like him."

　（彼は話上手、私も彼のようになりたいよ）

⑥卑下する＝say to 人 "My ability is very poor."

He said to me "You can do it, but my ability is very poor."

　（彼は私に『私の能力はとても劣っている』と言った）

　　卑下の意味合いを出せるわけです。

⑦皮肉を言う＝say to 人 "Only you feel good."

皮肉の表現では『あなただけがよい思いをしているのよ』と言うこともあるでしょう。

He said to me "Only you feel good."

　（『自分だけ良い気分だね』と彼は私に言った）

⑧疎外をされる＝say to 人 "Go away！I don't like talking to you."

『あっちへ行って！ あなたとは話をしたくない』と言う。

He often says to me "Go away! I don't like talking to you."

　（彼はよく私に『あっちへ行きなさい！ あなたとは話をしたくない』と言っているわ）

⑨見捨てる＝さようならと言う＝say to 人 "Goodbye."

Please don't say "Goodbye" to me.

　（どうか『さようなら』と言わないでください）

⑩無礼な＝あいさつを人に言わない＝not say to 人 "Hello."

He said hello to you, but you didn't say to him "Hello."
　　（彼はあなたに『今日は』と言ったのに、あなたは言わなかったわ。無礼ね）

⑪あまのじゃく＝それは正しいと思っているのに、そうは思わないと言うのが好きだ＝It's right, but one likes to say to＋人 "I don't think so."

It's right, but he likes to say "I don't think so."
　　（それは正しいが、彼は、『そうは思わない』と言うのが好きだ）

⑫離婚する＝愛していない。そして『さようなら』と言う＝not love and say to 人 "Goodbye."

She didn't love her husband, so she said to him "Goodbye." three years ago.
　　（彼女は夫を愛していなかった、だから彼女は彼に『さようなら』を3年前に言った）

⑬怪しい＝それをしたかもと言う＝say to 人 "one might do it."

He said to me "She might do it."
　　（彼は私に『彼女がそれをしたかもしれない』と言った）

⑭裁判ざたにする＝裁判所に行こうと言う＝say to 人 "Let's go to court."

He said to her "Let's go to court."
　　（彼は彼女に『裁判所に行こう』と言った）

⑮判決が下りる＝裁判長が判決文を読むのを聞く＝hear the judge read the sentence.

I heard the judge read the sentence. He said to him "You must go to the prison."

(私は裁判官が判決文を読むのを聞いた。彼に刑務所に行かなければならない、と)

⑯白状させる＝私がやりましたと言わせる＝make one say "I did it."

The police made him say "I did it" at last.

(その警官は彼に『私がそれをしました』と最後に言わせた＝白状させた)

⑰知らぬ顔をする＝知っているのに知らないと言う＝One knows me, but said to me "I don't know."

He knows her very well, but he said to me "I don't know her."

(彼は彼女をとてもよく知っているのに、私には『彼女のことを知らない』と言った)

⑱非難する＝それはよくないと言う＝say to 人 "It's not good."

He said to her "This book is not good for children."

(彼は彼女に『この本は子供達によくない』と言った)

⑲我慢させる＝待ちなさい！ と言う＝say to 人 "Wait!"

He said to me "Wait!" when I was beaten by MONTA.

(もんたに打ちのめされた時、彼は私に『待ちなさい＝がまんしなさい』と言った)

Q)「なるほど。ちょっと無理があるようなところもあるような気もしますが、とにかく相手に気持ちというか意思は伝えることはできますね。夢と希望の英会話教室ですね。ところで、By the way、英語では『言う』とか『話す』とかを述べるのに、

say、tell、speak などの動詞がありますが、どのように使いわければよいのですか」

N)「とてもよい質問です。英語では、

①第三者が述べたことをその本人が述べたように述べる場合には表現部分の主語を "I" にして述べます。つまり、動詞は say で、

I say to 人 "　　　" の形を用いて、(あたかも本人に成りすましたように) 直接的に述べるのです。

I said to her "You are wrong!"

　(私は彼女に『おまえがまちがっている！』と言った)

そして、

②第三者が言った事実だけを述べる場合は tell を用いるのです。

He told me that he was wrong.

　(彼は自分がまちがっていると述べた)

つまり、**say が直接的に話者の意思を述べるのに対して tell は、間接的に述べる**というわけですね。

③ say、tell に対して、**speak は主に、「speak to 人」で直接人と会って「話す」の形で用い、「speak＋言語」で「〜の言語を話す」を表現する場合に用います。**

単語の語源的には、sp- は「外に出す」を表し、ea で「広げる」を表します。つまり「口を広げて外に出す」。すなわち、speak は、「直接会って口を開く」の意味で用います。

Q)「なるほど。そういうことですか」

N)「ここで、参照の例文をあげておきます」

1) say to 人 "S＋V…"＝人に "…する" と言う

You must say to him "I am sorry."

　（あなたは彼にあやまらねばならない）

2) tell 人 about…＝…について話をする

Please tell me about Japan.

　（日本について話をしてください）

3) talk with 人 about…＝人に…について話をする

I have to talk with them about this problem.

　（この問題では彼らと話をしなければならない）

4) speak to 人＝人に話をする

I would like to speak to your boss.

　（ボスと話をしたいのですが）

5) 知っておきたい what S＋V の表現

what S＋V は「主語がある動作をすること（もの）」下記では『言ったこと』を表わします。

What you said is wrong.

　（あなたが言ったことはまちがっています）

英会話上達のポイント⑥

（2）take の応用自在の世界を知ると
自分でも怖くなるほど英語が話せるようになる。

N)「take の世界があなたの英会話を救う！ 私はそう叫びたいほどなんです（笑）。take の本来の意味は次のとおりです」

> **take** は、「外向き」の意味は『**動いて加わる**』を意味する。そして「内向き」の意味は『**動かして自分の方に加える**』、そして比ゆ的に『**心で受け止める**』を意味する。

N)「あなたは take の意味をどう思っていますか」
Q)「取る、です」
N)「それは英文解釈上の意味であって、本当の take の意味ではありませんよ」
Q)「そんなバカな！」
N)「では、take a bus といえば、バスを取る、という意味ですか」
Q)「ああ、そうか！ この場合は、『取る』では日本語としてはおかしいですね。『バスに乗る』です」
N)「そのとおり。囲みのなかで強調したように、take は「→方向」（外向き）の意味と「←方向」（内向き）の2つの意味があるのです。take は〈外向き〉の意味は『動いて加わる』を意味します。そして〈内向き〉の意味は『動かして自分の方に加える』、そして比ゆ的に「心で受け止める」を意味します。実際の英語で見ていきましょう。

①『動かして自分の方に加える』

『動かして自分の方に加える』という意味では、出されたジュースに対して take juice とやると『置いてあるジュースを動かして自分の方に加える』から『ジュースを飲む』という意味が出てくるのです。

take a meal は『食事を動かして自分の方（主語）に加える』ですが、「食事をいただく」は have a meal を用います。『この本を買う』は『陳列されている本を動かして主語の方に加える』から take this book となり、「メガネをかける」も『メガネを自分の方に加える』から take を用いることができるのです。

②『心で受け止める』を表す take の意味

さらに、「心で受け止める」というのは、「思う」ことであり、

I **took** Jimmy **for** Tom.

とやると『ジミーのことをトムと心で受け止めた』から take A for B で「A を B と勘違いをする」の意味でも用いるわけです。

I **took** Keiko **for** Sayuri.

とやると『私は恵子を小百合と思った』を意味するのです。こ

こでは for は「**…にとってかわって**」を表します。
take it easy にしても『**それをたやすく心で受け止める**』を意味します。
ところで、前置詞の for と to とではどうちがうのか。重要なことなのですが、説明すると長くなるので、脱線特別講座として説明しておきますね（笑）」

> **脱線特別講座** forとtoの使い方をマスターしましょう！

N）「to の意味は A 点から B 点に、または B 点から A 点にという**一方通行**に『目的とする方向に向ける』、『向かう』を意味します。
たとえば、
Yesterday I went **to** Shinjuku.
　（昨日、私は新宿へ行った）
ここでの go は「離れる」を意味し、元に『戻る』を意識させない動詞です。ですからこの場合『新宿に行った』を意味します。
This bus goes to Ginza.
のように to を用いると『このバスは銀座に行きます』を意味し『銀座行き』を意味します。つまり to を用いると『銀座という目的地に行く』を述べるだけであって『**銀座から最初に乗車したところに戻る**』を全く意識させないのです。
ところが This bus is bound **for** Ginza. のように for を用いると『銀座に向かう』という意味と『**銀座からまた元に戻る**』、つまり〈往復〉を意識させるのです」

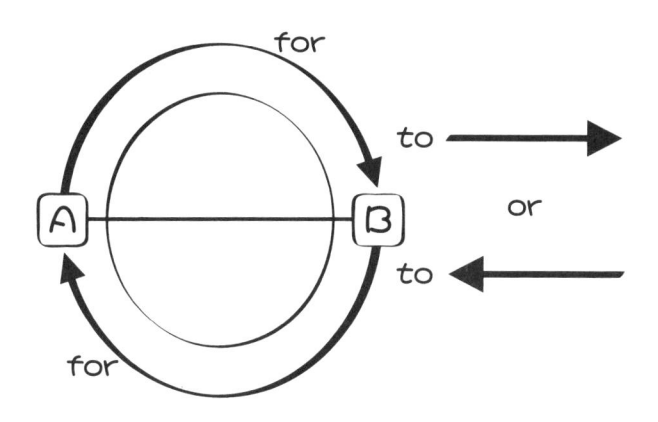

Q)「なるほど。**to**は『**→方向**』か『**←方向**』のどちらかの一方通行に対して、forは『**→方向**』と『**←方向**』の**両方通行**ということですか」

N)「そのとおりです。forは〈往復運動〉なのです。ですからforは比ゆ的に『**こうすると、ああなる**』という因果関係が成立させる場合の原因と目的、理由を表す場合にも用います」

Q)「なるほど。toの『→方向』というのはどういう動詞と結合するのですか」

N)「たとえば、comeはIとyouとの間では『行く』も『来る』もcomeです。
この場合『行く』は『→方向』であり、『来る』は『←方向』を意味します」

Q)「ということはcomeには『←方向』の意味と『→方向』の2つの意味があるということですね」

N)「そのとおりです。その他crawl（這う）、swim（泳ぐ）、run（走る）、flow（流れる）、walk（歩く）など『目的とする方向に向う』を表す動詞にはtoを用います。

「→方向」　　　　　「←方向」

> ①I will **come to** your house at three.
> （私はあなたの家に3時に行きます）
> ②Please **come to** my house at three.
> （3時に私の家に来てください）

①では『→方向』を意味し、②では『←方向』を意味します」
Q)「なるほど」
N)「for は for＋動詞 ing〜で『〜するために』と to＋V〜も『〜するために』という意味があるので、この2つのちがいを知る必要があります」

── 〈for の法則〉──

for 以下は行為、動作をする以前に「**連続して先行する思いや理由があって**」を表す。
①My father scolded me **for** staying out late.
（父は遅くまで出歩いたと私を叱った）
②She blamed him **for** a mistake.
（彼女は誤ちを犯したという理由で彼を責めた）
③He is hungry **for** a part time job.

（彼はアルバイトをしたくてうずうずしている）

Q)「これはどういう意味ですか」
N)「①では scolded という動作をする以前に for 以下の『連続する先行する理由があって』、**『連続する思いがあって』**を意味します」
Q)「なるほど。ここでの『叱った』という行為をする以前に『遅いなあ。どこに行ってるのかという連続の心配があって』を表すのですね」
N)「そのとおりです」
Q)「②も blamed（責めた）という行為をする以前に**『誤ちを犯した』**という思いの先行を表すのですね」
N)「すばらしい！　そのとおりです」
Q)「③も He is hungry という結果を意味する文章で始まっていますが、for a part time job では**『連続してアルバイトをしようと思って』**という先行する理由がある、と発想すればよいのですね」
N)「そのとおりです」
Q)「だから、どうしてもアルバイトをしたがっている、と訳せるのですね」
N)「そのとおりです」
Q)「to 動詞と for～とのちがいは、ありますね。『～するために』という意味では to 動詞とは区別をして使えばよいのですか」
N)「次の例を見てください」

> ①I went **to** the Yasukuni shrine to see the cherry blossoms.
> （花見をするために靖国神社へ行った）
> ②I'm glad **to** meet Ken.
> （ケンに会えて嬉しい）

①では to 動詞は、一般動詞で始まっている時は『最初に靖国神社に行った』という動作をして『**そこで花見をした**』という目的を意味します。

ということは『靖国神社に行った』という時と『花見をした』という2つの動作は『靖国神社に行った』という行為が先行するものの行き先と行き先での目的行為とでは同じ。

②も「嬉しい」という結果を表す内容と「ケンに会う」という内容とでは「ケンに会う」という行為が先行するもののほぼ同時に行なわれた因果関係を表していますね」

Q)「はい。for は『先行する思いが継続している、連続している』を表すのですね」

③ {→方向} を表す take の意味

Q)「さきほど take に『動いて加わる』という意味があるという説明でしたね」

N)「ええ。take に『動いて加わる』という意味があるから、take a bath で『風呂に動いて加わる』から『風呂に入る』という意味が出てきます。

さらに『椅子にすわる』は『椅子に動いて加わる』から take a chair で『椅子にすわる』という意味も出てくるのです。

「タクシーに乗る」は、『タクシーに動いて加わる』から take a taxi となり、take a trip は『旅行に動いて加わる』から『旅行

する』という意味が出てくるのです。

このようにtakeの意味は『**動いて加わる**』であり、『**動かして主語の方に加える**』であり、比ゆ的に『**心で受け止める**』を**表すのです。**あなたがtakeを『取る』と覚えていたのは英文解釈上の意味に過ぎなかったのですよ」

Q)「反省します」

N)「日本の英語教育が本来の意味を教えていないのです。次の例文を見てください。

①The typhoon is **taking a** North–north–East **course**.
　（台風は北北東のコースを進む予定だ）

②You can find it on your right if you **take this street**.
　（右側にあります。この道を行けば）

③**I took part in** a 100-meter race.
　（私は100メートル競走に参加した）

④**It takes** about 20 minutes by car from here to get there.
　（ここから車でそこまで20分ほどかかる）

⑤Please **take two more steps** forward.
　（もう二歩前に進んでください）

くりかえしになりますが、takeが『動いて加わる』という意味では、①の **take a course** は『台風が動いてコースに加わ

る』から『進路を取る』を意味します。②の **take this street** で『この道に動いて加わる』から『この道を行く』という意味になります。③の **take part in～**では、『～の一部に動いて加わる』から『参加する』を表し、④では it は『時間』を表し、it takes で**『時間が動いて加わる』**の意味から『20分かかる』を意味します。⑤の **take two more steps forward** で『もう二歩前に動いて加わる』から『もう二歩前に進む』を意味します』」

Q)「なるほど」

④put の世界も take の世界に通じる

N)「take は『動いて加わる』、『動かして加える』という意味で『運ぶ』を表す動詞のグループですが、実は put と言う動詞もこのグループなんです」

Q)「put といえば、『置く』という意味では」

N)「それは英文解釈上の意味であって正しい意味ではありません。本来は、脱線特別講座で説明すべきところですが（笑）put の本来の意味は次のとおりです」

───〈put の本来の意味〉───

put は『これから～を投げる』、『これから～の方にやる』、その結果『これから～の位置、範囲に納まる』を表す。

N)「put は、put だけでは意味をなさない動詞ですよ」

Q)「へえ！　そうなんですか」

N)「その証拠に、Please put it. だけで意味が通じますか。**put の本当の意味は『～の方に投げる』、『～の方にやる』、その結果『～の位置、範囲に納まる』を表すのです**」

Q)「ということは」
N)「つまり put は『前置詞、副詞の方向にやる』を意味するのです。

put it＋副詞、put it＋前置詞の形で用いることが基本です。

ですから put　it で『それを〜の方にやる』を意味し、『それをどういう方向、位置、範囲にやるか』で put は広範な意味が出てくる動詞です」

英語がどんどん
わかってきたでしょ！
さあ、ここで
コーヒータイム！

英会話上達のポイント⑦

副詞を動詞との関係において、覚えてしまうと英会話の表現は、加速度的に上達する。なかでも大事なのは、out、up、down、off、away、in、on――の7つの副詞だ！

Q)「ということは副詞、前置詞の基本を理解しておく必要がありますね。副詞ってどんな時に用いるのか、あまりはっきりわからないのですが。副詞って学校では動詞、形容詞、他の副詞を修飾するものと学びましたが」

N)「それは決してまちがいではないのですが、ここでいう副詞は動詞の方向を表します。
out、up、down、off、away、in、on の7つの副詞を7大副詞とインプットしておいてください」

Q)「はい」

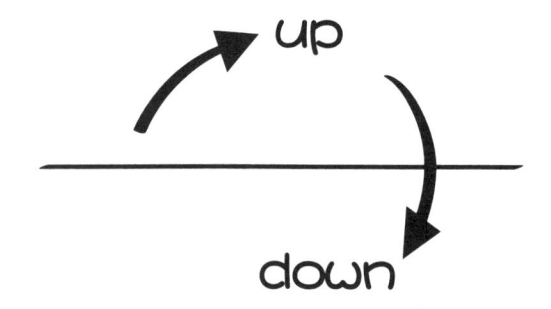

N)「水平線、地平線から上方向を up といい、地平線、水平線方向か下方向を down と発想してください。ですから up は『上』方向であり、同時に『北』方向であり、down は『下方

向』であり、同時に『南の方向』『下る方向』を表します」

Q)「なるほど」

N)「もし put it に up をつけると、put it up で『それを上の方向にやる』を意味し、『put up + 〜（名詞）』とやると『〜を上の方向にやる』、『〜を打ち上げる』、『〜を掲げる』、『〜を提示する』、『〜を発表する』、『建物などを建てる』を意味します」

Please **put** your hands **up**.
　（手を上に上げてください）

I hear that North Korea is going to **put up** another Missile.
　（北朝鮮が別のミサイルを打ち上げようとしているらしい）

The house owner will **put up** the rent in a few months.
　（家主は数ヶ月も経てば家賃を値上げするだろう）

This is the site where they will **put up** their office.
　（ここは彼らの会社を建てる敷地である）

また down は『その場で（に）』、『下に』を意味します。

Please **put** it **down**.
　（それをその場に下ろしてください）

Please write it **down**.
　（それをその場で書いてください）

The police **put down** their riots.
　（警察が彼らの反乱をしずめた）

Q)「しずめる、も『下にやる』と発想するのですね」

N)「そうです。次に out は全体を表し、up と down 全体を表します。全体は「円」で表します。ですから all = whole = out を意味します。脱線特別講座でも説明しましたが、よく使いますので、さらに例をみておいてください」

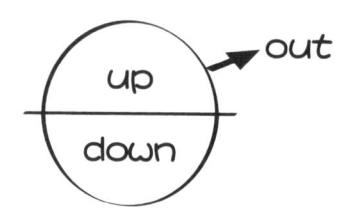

N)「そして out は動的には太陽が水平線に顔を出した時と太陽が西の水平線上に沈もうとする時の姿から『〜が現れる』『外に』という意味と『消える』という2つの意味をもっています。

out が「現れる」という意味では、
The sun is **out**.
　（太陽が出ている）
Please put it **out**.
　（それを外に出してください）
の形で用い、

put out the fire
───とやると『火を消す』を意味します」

Q)「なるほど。1つの単語で out が『現れる』という意味と『消える』という2つの相反する意味がでてくるときは、意味の特定はどこでするのですか」

N)「とてもよい質問です。もう一度、説明しておきます」

── 〈put の意味〉 ──────────────

put は『これから運ぶ』、『**これから〜の方にやる**』その結果「〜進む」「向う」の意味からまだ動作が完了していない時に用いる。fire、light は「すでにつけられている」を意味する。それに対して out がつくと『**消す**』という意味が出てくる。

Q)「なるほど」
N)「次に out of 〜ですが、of はどういう意味ですか」

── 〈of の意味〉 ──────────────

of は『本来一体となっていないものが、**くっついて離れない性質の**』、『**同時について回る**』を意味する。

Q)「えっ！ そんな意味が of にあるのですか？」
N)「ええ。たとえば、喫茶店で『コーヒーの中身だけください！ 器に入れないでください！』なんて言えば、店員の人はそれこそびっくりするでしょうね。a cup と coffee とは別々にできないでしょう」
Q)「ああ、はい」
N)「ということは『器とコーヒー』とは『くっついて離れない』と発想するのです。ですから a cup of coffee のように表現するのです」
Q)「なるほど」
N)「車のキー、を a car of the key とやれば、『車とキーとがくっついて離れない関係』を意味し、『キーを抜くと車も一緒

にくっついてくる』を意味してしまいます。
ですから a key of the door という表現は、普通は使いません。普通は、**a key to the door** か **a key for the car** のように表現するのです」
Q)「納得。でも、どうして to なのですか？」
N)「to の本来の意味は、次のとおりです。これも前にも軽くふれましたね」

> ── **〈to の意味〉** ──────
>
> to の意味は『目的とするところに合わせる』、その結果『対等に並べる』、『〜に相対する』を意味する。

Q)「へえ！　では put it to は、どういう意味になるのですか」
N)「He **put** his finger **to** his mouth to say to me "Be quiet!"
　（彼は指を口につけて私に静かにと言った）

put　人　to trouble とやると、『**人に迷惑をかける**』という意味になります。

I'm sorry to **put** you **to a lot of trouble**.
　（大変ご迷惑をかけて申し訳ありません）

I can hardly put this match to a cigarrette because of strong wind.
　（強い風でタバコにマッチの火がなかなかつかない）

このように put A to B で「A を B に合わせる」を意味します。「対等に並べる」という意味では、**face to face** で、『**対面して一対一**』の場面の意味がでてくるのもこのためなのです」
Q)「どんどん、わかってきました」
N)「このように put は『〜の方にやる』という意味が出てく

るので、『何をどういう方向にやるか』で、

put it in であれば『それを中に』という意味が、put them together であれば『彼らを一緒に集める』、すなわち『一緒にする』となります。

put Japanese **into** English であれば、『日本語を英語に変える』から『日本語を英語に訳す』の表現となります。

into はここでは前置詞の意味ですが、次のように頭のなかにインプットしてください」

〈into の意味〉

into は『〜の中に入れる』、『割って入れる』その結果『変える』比喩的に『〜という結果になる』を意味する。

Please **put** sugar and cream **into** the coffee.

　（砂糖とクリームをコーヒーに入れてください）

とやると『砂糖とクリームを運んで入れる』を意味し、put the money **into** the land とやると『お金をその土地代に当てる』『投資する』を意味するのです」

Q)「英語って、論理的なんですね（笑）」

N)「次に off を説明します。前に全体を out といい、そのなかに up と down があるということを説明しましたね。『今いるところ、その場』を down といいます。

Get down！　とやると、『その場で伏せろ！』を意味します。そして down の位置から『離れる』を off といいます」

Q)「つまり、離れる、という意味ですか？」

N)「That's right！　そのとおり！　off の本来の意味は次のとおりなんですよ。

〈off の本来の意味〉

off は『**その場を離れる、離れさせる**』『その場で機能を中断する』、その結果『**ことを新たにはじめる**』を意味する。

The boat **took off** from the port about 20 minutes ago.
　(その船は 20 分前に港を出港した) = 離れる = off

『機能を中断する』という意味では、put off the light (「点いていた明かりを消す」も好例です。

We have to **put off** our decision before finishing the meeting.
　(会議が終るまでその決定を延ばさねばならない)

ここでの off は「離れさせる」の意味から「決定をする時間を延ばす」を意味します。

off には、『その場で何かをはじめる』、『その場から離れる』、『その場で外に放つ』の意味もありますので、
play off =『その場でプレーして決着をつける』、
kick–off =『その場でボールを蹴る』—〉サッカーの『試合開始』、
の意味が出てくることになります」
Q)「off もこうして納得できると、使えそうですね」

〈away と off はどうちがうか〉

よくまちがうところだが、
off=『今いるところから離れる、離れさせる』
away=『離れたところ、姿が見えないところ』

N)「away の世界をセンテンスで見てみましょう。
He is off now. (その場に彼がいない)
He is away. (彼が離れたところに行っていない)
Please put it away. (それをかたづけて)
away=『それを姿の見えないところに移動する』
⇒put がついて、〈かたづける〉になるわけです」
Q)「なるほど。それで副詞は動詞と関係付けて理解するのがいいのですね」
N)「副詞を理解する時に大切なポイントは、副詞は動作をする時、『こういう方向』という大まかなことは述べるということですね。明確に、どの位置、どの範囲におくという時は、前置詞が必要になるということです。
たとえば、Please put it on. は on があっても『どの上に』という明確な場所指定がないということで副詞ということです。が、Please put it on the desk. では机の上において、ということですので、この場合の on は、前置詞ということになります」
Q)「I got it ! すごい！」

have ＋ (a) 動作でいろいろ言える！

(1)	**a try**［試し］	have a try（試している）
(2)	**a go**［試み］	have a go at something（何かを試している）
(3)	**a swim**［一泳ぎ］	have a swim（一泳ぎしている）
(4)	**a rest**［休けい］	have a rest（休んでいる）
(5)	**a mistake**［誤り］	have a mistake（誤りをしている）
(6)	**a drink**［一飲み］	have a drink（一杯やっている）
(7)	**a call**［呼ぶ事・通話］	have a call（通話している、呼んでみる）
(8)	**a break**［中断・休けい］	have a break（英）休けいしている ＝take a break（米・英）
(9)	**a trip**［旅行］	have a trip（旅行している）
(10)	**a study**［研究］	have a good study（ためになる事を学ぶ、研究している）
(11)	**a smoke**［一服］	have a smoke（タバコを吸っている）
(12)	**a push**［ひと押、がんばり］	have a push（頑張っている）
(13)	**a fall**［落下］	have a heavy snowfall（大雪が降っている）
(14)	**a win**［勝利］	have three wins（3度勝利する）

3日目

Haveの使い方で英語の世界が変わる！

『こんなに便利な動詞はないよ！』

英会話上達のポイント⑧

> haveは、活躍無限大の世界！
> 一気に会話の奥行きが増します！

N)「haveはどういう意味ですか？」
Q)「先生、ここまでくると、haveは、単に『持つ』という、小さな世界の動詞ではないのでしょう」
N)「Good going! オヌシ、やるな〜」

〈haveの本当の意味〉

haveは、大きな、大きな世界の動詞。
『他に〜をしてもらう』という外向きの意味とその結果**『他から与えられる』**、**『すでに加わっている』**、『加わってある』という内向きの意味がある。
つまり、haveにも、「→方向」（外向き）の世界と「←方向」（内向き）の世界がある。

（1）「←」方向を表すhaveの世界

Q)「先生、かえってわからなくなりますが（＾＾）」
N)「任せてください。すぐに感動するほどわかりますよ（笑）」
Q)「はい、そうなります（笑）」
N)「今は、haveに限らず、動詞には、『←方向』の世界と『→方向』の世界、があるということをまず頭にインプットしてください。次の法則ですね。

英会話上達のポイント⑨

動詞は、〈2つの方向〉で理解する。
動詞には「←方向」と「→方向」の2つの意味がある。
haveの「←方向」の意味は、『主語が自らすでにプラスしている』状態。
haveの「→方向」の意味は、『主語が相手に何かをプラスしてもらう』状態。

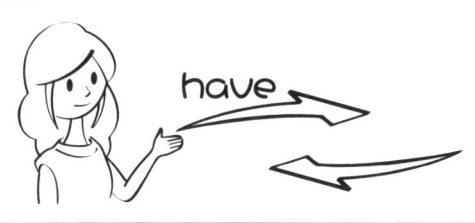

---

haveの『←方向』の意味は、『すでに加わっている』、『加わってある』という意味です。

これを「**1+α（アルファ）**」と覚えてもいいですね。

つまり「主語に何かが加わっている」と発想してください。

I *have* a book.

———Iに a book が加わっている状態＝私は本を持っている、というわけです。

この例は、簡単すぎますが、主語（この場合、I）にアルファ（この場合、a book）が加わっている状態です。

『彼女はいいセーターを着ている』と言いたいときは、主語（彼女）に＋アルファ（よいセーター）、と発想します。そして『＋』を have（has）におきかえると、

She *has* a nice sweater.

で表現できるのです。簡単でしょ。

『彼女は黒いメガネをかけている』もおなじ要領です。『メガネをかけている』を（英語でどう表現するのか）などとむつかしく考える必要はありません。

『彼女＋黒いメガネ』 ですから、

She *has* dark glasses.

（黒いメガネの黒いは、dark。black は使いません）

『彼はよい靴を履いている』は、he＋よい靴、と発想して、

He has good shoes.

このように、『主語（何）にアルファ（何）がプラスしてあるのか（have）』という発想で、いろいろと多彩な応用が効くのです」

Q）「なるほど。食べる、着る、飲むを表現するにも英語では、〈have＋α〉とやるだけでよいということですね」

N）「Well done!　have という１つの動詞でいろいろな表現ができるのです！　それでは、次の例文で、すこし練習をしてください」

ある男は
①赤い帽子をかぶり
②赤い手袋をはめ
③赤いメガネをかけ
④赤いセーターを着て
⑤赤いトランクスをはいて
⑥赤いヒゲをはやし
⑦赤い顔をし
⑧赤いネクタイをして

⑨赤いマスクをし
⑩赤い包帯をまき
⑪赤い車を所有し
⑫そして彼の車はカーナビゲーションがついていて
⑬ステレオセットがあり
⑭丈夫で長持ちする車である。

N)「①から⑭まではすべて have が使えるのです。He + α、で発想すればよいのです」

Q)「やってみます！

①では、「ある男＋赤い帽子」と発想します。「**a man＋a red hat**」。そして、「＋」の部分を have（has）おきかえると、

A man has a red hat.

②の『赤い手袋をはめ』は、はめる＝何と表現すればよいのかなあ、と発想するのではなく、「彼に手袋が加わっている」から「**he＋red gloves**」と発想します。

He has red gloves.

③『赤いメガネをかけ』は、彼＋赤いメガネ、だから

He has red glasses.

④『赤いセーターを着ていて』は「**彼＋赤いセーター**」

He has a red sweater.

⑤『赤いトランクスをはいて』も「**彼＋赤いトランクス**」

He has red trunks.

⑥『赤いヒゲをはやし』も、ヒゲをはやす、ってどう言うとは考えずに、**He＋red whiskers** から

He has red whiskers.

そうか、『何に何が加わっているか』で発想を広げていけば、

どんどん表現できるわけですね。
⑦『赤い顔をしている』は、He has a red face.
⑧『赤いネクタイをして』は、He has a red tie.
⑨『赤いマスクをし』は、He has a red mask.
⑩『赤い包帯をまき』は、He has a red band.
⑪『赤い車を所有し』は、He has red car.
———どんどん言えますね（笑）
⑫『彼の車はカーナビゲーションがついていて』はちょとむつかしそうですが、同じく、彼の車＋カーナビゲーション・システム＝**his car＋a car navigation system**と言えばいいわけですから、

His car has a car navigation system.
⑬『ステレオセットがあり』も、his car＋a nice stereo、だから、

His car has a nice stereo.
⑭『丈夫で長持ちする車である』は、〈丈夫で長持ち〉を a long life とおきかえて、**his car＋a long life** つまり、

His car has a long life.
———、これで本当に通じるのですか」
N）「That's natural! 自信をもってください。このように have は、『何に何が加わっているのか』で無限の応用ができるのです」
Q）「つくづく便利な動詞ですね。感動します（笑）」

（2）「→方向」を表す have の世界

N）「では、次の感動に向かいましょうか（＾＾） have には「→方向」の意味もありましたね。この場合は、『相手から何か

をプラスしてもらう』と発想するのです」

Q)「〜してもらう、という意味が出てくるのですか。

We **have Mr. Willson here today**.

ここでの have Mr. Willson here は、『**ウイルソンさんにここに来てもらっています**』という感じですか」

N)「それが、have の「→」方向の使い方です。
『相手に…をしてもらう』わけです。
より正確には、『have＋人＋動詞…』の構文で、『人に…という動作をしてもらう』を意味します。

I will have Keiko come here tomorrow.
　（明日、私は恵子にここにきてもらうよ）

『have＋人以外のもの＋過去分詞』では、『**人以外のものを…された状態にしてもらう**』の形で用います。

I will **have my car washed**.
　（車を洗ってもらいたいのですが）

I **had my car fixed**.
　（車を修理してもらった）

I will **have this one wrapped**.
　（これを包んでもらう）

わかりますか」

Q)「はい。でも、どうして have my car fixed とか my car washed のように過去分詞を用いるのですか」

N)「（車を洗ってもらいたい）の場合は、my car は『人以外のもの』ですから、（変な日本語になりますが）『車が誰かに洗われる』という状態にしてほしい、ということになります。つまり〈受身の状態〉にして、表現するのです」

Q)「そうか！『（自分の意思で）車を誰かに洗ってもらう

状態にしてもらう』という意味から、have + my car + 過去分詞、でなければならないのですね。

I have my car washed.」

N)「そう。have はあくまで自分の意思で、『してもらう』を表します。

だから、『自分の意思ではないのに、されてしまった』というようなときは、**get**（got）を使います。

I got my car washed.

　（誰かに車を洗われてしまった）

このような場合は「他からされる」を表す get を用いるのです」

4 日目

Get, Give, Come と Go の使い方であなたの英語が変わる！

『こんなに重宝な動詞はないよ！』

英会話上達のポイント⑩

動詞は、〈2つの方向〉で理解する。
動詞には「←方向」(内向き) と「→方向」(外向き) の2つの意味がある。
getの世界もおなじ。
getの「←方向」(内向き) の意味は、『**他からされる**』状態。
『**主語が何もしなくても他から向けられる**』
getの「→方向」(外向き) の意味は、『**ある方向に徐々に向かう**』、『**ある状態に徐々に向かう**』。

(1)「←方向」(内向き) を表すgetの世界

N)「getは、普通、〈得る〉という意味として理解されていますが、それでは、ふところの深いgetの意味をマスターできません。

haveに「→」方向と「←」方向の意味があるのと同様に、getにも「←方向」と「→方向」の2つの方向を表す意味があるのです。

「←方向」を表すgetの意味は『**他からされる**』を意味するのです」

Q)「haveと似ていますね。どうちがうのですか」

N)「さきほど軽くふれましたが、**have**の方が〈他からプラスしてもらう〉という**丁寧な意味**がでてくるのです。この場合は、あくまで**主語が他に依頼をして〜してもらう**』、『**他にプラスをしてもらう**』を意味します。

ところが**get**は『**主語が何もしなくても他から向けられる**』

を意味するのです。たとえば、朝、新聞が配達されている、というのは主語の行為ではなく、他者からの一方的な行為ですね。このような場合に get を用いるのです。

I **got** a letter from Jim.
　(ジムから手紙が送られてきた)

I **got** surprise to hear it.
　(それを聞いて驚いた)

これも、『驚こうと思って驚いた』というわけではないので、〈get の世界〉です」

Q)「なるほど。(私の車がぶつけられた) は、

I had my car broken.(自分の意思でそうした)

ではなく、

I **got my car broken**.(他からそうされた)

となるのですね。

『他から向けられる』を表す get の世界は、矢印で覚えておくといいですね。

「他から何を向けられるか」で、いろいろな意味が出てくることになりますが、下記に例文を追加しておきます。

@get a telephone (call) =「電話を他から向けられる」、つまり、電話がかかってくる。

@get a cold =「カゼを他から向けられる」、つまり、カゼをうつされる。

@get satisfaction =「満足を他から向けられる」、つまり、満足させられる。

@get trouble＝「トラブルを他から向けられる」、つまり、「トラブルに巻き込まれる」

①I got a call from Jim late at night.
（夜遅くにジムから電話がかかってきた）

②I got injured in a car accident.
（車の事故で怪我をした）

③I got a cold, so I was absent from the office for 3 days.
（カゼをうつされたので会社を3日間休んだ）

④I got surprise to hear that he hasn't married yet.
（彼がまだ結婚していないということを聞いて驚いている）

get trouble は「トラブルに巻き込まれる」となるので、「困った」という意味では have trouble を用います。

⑤I had trouble because I got my wallet stolen.
（私の財布を盗まれたので困ったことになった）」

（2）「→方向」（外向き）を表す get の世界

N）「そのとおりです。さて、get にも「→方向」（外向き）の意味もあるのです。
get が、「外向き」という意味では、『ある方向に徐々に向かう』、**『ある状態に徐々に向かう』**を意味するのです」

Q）「get に、向かう、という意味があるのですか」

N）「get in the cab で、タクシーの中に向かう＝タクシーに乗る、という意味が出てくるのです。『中に向かう』から『入る』を意味し、get out で、『外に向かう』という意味が、get through では『〜を通り抜ける』、get on は『上に向かう』から『乗る』を意味します。

get up だと、『上に向かう』から『体を起こす』、『起きる』という意味が出てくるのです。

He usually **gets up** at 6：30.

（彼は 6 時 30 分に起きます）

get off は『**その場から離れる方向に向かう**』から『その場を離れる』、『降りる』を意味します。

Please **get off** the train at the next station.

（どうぞ次の駅で電車を降りてください）

get は『向かう』という意味では、『徐々に向かう』を意味します。ですから『徐々に向かう』を表す形容詞と共に結合します。

get tired の **tired** は『疲れる』という意味ですが、『疲れる』は徐々にその状態に向かうを表します。

get **cold** は『徐々に寒くなるという状態に向かう』を表し、get **warm**（暖かくなる）、get **dark**（日が暮れる）も、徐々に『ある状態になる』を意味します」

Q)「なるほど。わかります」

N)「get **angry** とやると、徐々に怒りが増している、という進行の状態を表わすのです。

It is getting darker and darker.

（だんだん暗くなってきている）

さらに強めたいときは、上の例文のように、「geting ＋形容詞の比較級＋比較級」で表される形を使います」

Q)「なるほど。例文を矢印で覚えておきます」

Q)「質問！ He is angry. と He gets angry. このちがいはどこにあるのですか？」

N)「Good question! ちがいを理解するためには一般動詞とbe動詞のちがいを知る必要があります」

〈be動詞と一般動詞とのちがい〉

一般動詞とは『動作、行為』を意味し、be動詞とは『動作、行為の結果』を意味する。

N)「is、am、areというbe動詞はそれ以前に行為、動作がなければ使うことができない動詞です。いかなる文章も、be動詞単独の文章というのは存在しないと考えてください」

Q)「えっ、どういう意味ですか。ではThis is my bookはどうなるのですか」

N)「This is my bookと主張できるのはそれ以前にI **bought** the book.（私はその本を買った）とか、Betty gave me the book（ベテイがその本をくれた）とかの行為がなければなりませんね。What's next?」

Q)「She is Betty. というのはどうなるのですか」

N)「それも、She is Betty. の前に、Her parents named her Betty.（彼女の両親は彼女をベティーと名づけた）という行為が省略されているのです」

Q)「ああ、そうか！ be動詞というのは**行為、動作の結果**なのですね。ある原因があって、その結果がHe is angry. と表現できるわけですね？」

N)「That's the point!」

英会話上達のポイント⑪

〈give の世界〉は〈許しの世界〉と覚えよう！
give は『許す』、その結果『〜を人に向ける』、『放つ』という意味と、『〜仕向ける』を意味する。

（1）『〜を人に向ける』というの give の世界

N)「give は、与える、そう覚えてきましたね。もちろんまちがいではないのです。しかし、もっと本質的に理解しないと、とても使いこなせません。たとえば、give an ear で、耳をあげる、ですか？」

Q)「えっ」

N)「give は、『許す』、その結果『〜を人に向ける』、『放つ』という意味と『〜仕向ける』を表すのです。

give は、『〜を人に向ける』という意味では、〈何を人に向けるか〉でいろいろな意味が出てくるのです。give もまた、与える、という一語ですまされるような軽い動詞ではありませんね (＾＾)
たとえば、人が販売という行為を向ければ、**give a sale** で「売る」となります。

When are they going to give us the bargain sale from?
　（いつから彼らはバーゲンをやるの？）」

Q)「なるほど。バーゲンセールをする、は、主催者が我々にバーゲンセールを向ける、と発想するのですね」

N)「Good point! ですから、give は、〈何（どういう行為）を人に向けるか〉で、ばくだいな応用が効くのです。

販売促進（the sales promotion）という行為を消費者に向ける、つまり、**give a sales promotion** to the consumers で、消費者に販売促進をする、という意味になります。

His office will be busy giving us the sales promotion for the new year's products through this weekend.

　（彼の会社は正月の新製品の販売促進で週末まで忙しいだろう）

『宣伝する』は『売る』という目標までにいろいろと準備が必要ですから make an advertisement を用います。

To save expenses, we should not make an advertisement in such a way.

　（経費を節減をするには我々はそのようなやり方では宣伝しない方がよい）

同じように、**割り引く** = give a discounted price

They gave us 20 percent discount when I bought it.

　（彼らは私がそれを買ったとき、20％割り引いてくれた）

give a cold =「**カゼをうつす**」、

I don't want to give a cold to your baby, so I will stay here.

　（赤ちゃんに風邪をうつしたくない、ここにいるよ）

さらに『伝言をする』は、人に one's message（伝言）を向ければ（give）、いいのです。

Keiko! Will you please give him this message?

　（恵子さん！　この伝言を彼に伝えてくれますか）

どんどん表現できるでしょ（＾＾）」

Q）「なるほど。確かに give を〈向ける〉と理解すると広範な応用ができますね」

N）「そのとおりです。さらに、電話をする、も、give と電話

(a call, a phone call, telephone)を使えば、いとも簡単に言えますね。

Have you already given him a call?
　（もう彼に電話をしたの）」

（2）『表現範囲』がどんどん広がる give の世界

N)「脱線はここまでとして、さらに give の勉強を続けましょう。give one's last word は、どういう意味ですか」

Q)「**last word**（最後の言葉）を向ける、すなわち、告げる、のですから、**遺言をする**、でしょうか」

N)「そのとおりです。

She gave me a last word not to give any trouble to the customers.
　（彼女はお客さまには一切迷惑をかけてはいけないと私に遺言した）

さらに、a good smile（感じのよい微笑み）を向けると『愛想がよい』という意味になります。

She gave me a smile, saying "Hello"
　（彼女は私に笑顔を振りまき、こんにちは、と言った）
Their smiles give me a good feeling.
　（彼らの笑顔があるから気分よく過ごせる）
Her smile gave me a good feeling.
　（彼女が笑顔で出迎えてくれて、気分がよかった）
どんどん応用が効くのですよ」

Q)「なるほど。人以外のものを主語にするマインドが分からないのですが」

N)「わかりました。説明します」

> 主語に人以外のものを持ってくるマインドは『主語が原因で、そのことが』を表す。
>
> The Tsunami gave them a lot of trouble.
>
> ———The Tunami が人以外の『主語』なので『津波が原因で、それが』を意味する。したがって gave them a lot of trouble までを訳すと『津波が原因でそれが彼らに多大な被害をもたらした』という意味になる。

さらに、どんどん文章を作ってみましょうか（＾＾）

@give me an angry look（私に怒る）

She gave me an angry look when I touched her bag.

　（彼女のカバンにさわったら、彼女は私に怒った）

@give a kiss（口づけする）

He gave a kiss to the cat.

　（彼はその猫に口づけをした）

@give trouble（困ったはめに追い込む、困らせる）

I'm sorry to give you trouble.

　（あなたにご迷惑をおかけしてしまい、ごめんなさい）

@give a light（照らす）

Please give me a light this way.

　（こちらを照らしてください）

@give information（情報を伝える、知らせる）

He gave me very important information to do the job.

　（彼はその仕事をするためのとても重要な情報を提供してくれた）

@give a lecture（講義をする）

He is going to give us the lecture from 7 o'clock.
（彼は我々に7時から講義をしてくれる）

@**give us a speech**（演説をする）

Will you please give us a speech?

@**give a proposal**（提案する）

He gave us a proposal to make better business.
（彼はより儲けがあがるように提案してくれた）

@**give an eye**（見る、目を向ける）

She gave a severe eye to her son.
（彼女は息子を厳しい目で見た）

@**give a sight**（見る）

I couldn't give a sight to the scenery because my eyes were hurt.
（目をケガしていたので景色を見ることができなかった）

@**give an ear**（聞く）

He never tries to give an ear to her way of thinking.
（彼は彼女の考え方に決して耳を貸そうとしない）

@**give you any topics**（話題を伝える）

I can't give you any topics this week.
（今週はあなたに何も伝える話題はない）

@**give a care**（相手への思いやり、世話をする）

He is very busy giving a care to his grandfather.
（彼は父の世話をするのに忙しい）

@**gives milk**（乳を出す）

The cow gives milk.
（その牛はミルクを出す）

@**give a party**（パーティを催す）

We are going to give his welcome party from 5 p.m.

(我々は5時から彼の歓迎会を開きます)

@give help（手助けをする、助ける）

He gave me a lot of help when I was in trouble.

(困った時に彼にはかなり世話になった)

@give advice（忠告する）

I will give him advice not to do such a thing.

(そのようなことをしないように彼に忠告しておくよ)

@give approval（同意する、賛成する）

12 people gave approval to hold the town meeting once every 3 months.

(12人がタウンミーティングで3か月に1度の会合を開くことに賛成した)

@give price（値段をつける、値段を打診する）

This year this kind of fish will be as expensive as we can't give a price in the first auction.

(今年はこの種の魚は我々が初セリで値段がつけられないほど高くなるだろう)

@give life（命をささげる）

He jumped into the river and gave his all life to save the boy.

(彼は川に飛び込み、命をささげてその少年を助けた)

@give effort（人のために努力をする）

Thank you very much for giving great efforts to help me pass my exam.

(私の試験合格のために尽力して頂きとても感謝しています)

@give time（時間を告げる）

Please give me time.

（何時ですか）

@give trust（信用する）

I can't give him any trust because I've only known him for a few months.

（彼のことをまったく信用できない。まだ会って数か月しか経っていないから）

@give pressure（圧する）

Please don't give him so much pressure because he is very nervous.

（彼は神経質だからあんまり圧力をかけないでね）

@give a blow（殴る）

Tom gave me a blow when I spoke ill of him.

（トムは彼の悪口を言ったとき私を殴った）

@give an injury（ケガをさせる）

My carelessness gave her an injury.

（私の不注意が原因で彼女にケガを負わせた）

@give a kick（蹴る）

He tried to give me a kick with his right leg.

（彼は私を右足で蹴ろうとした）

@give a love（愛する）

Please give a love to Mr. Richard.

（リチャードにどうぞよろしく）

@give my daughter in marriage（私の娘を嫁にだす）

I often remember of my younger days that I have given my daughter in marriage.

（私は娘を嫁にやる前の若いころのことをよく思い浮かべることがある）

@**give a bow**（おじぎをする）
She often gives me bows before she says "Good–bye!" to me.
@**give a line**（つなぐ）、**give orders**（命令する）
などなど、いろいろと表現できますね。
こうして考えると、『人に何を向けるか、どういう行為を向けるか』で give は『与える』という意味をはるかに超えた莫大な応用ができるのです」
Q)「ほんとに、いろいろと表現できますね。感動ですよ。先生、give orders と give an order とのちがいは？ 同じではないですよ、ね」
N)「order には『注文』という意味もあります。そこで、『注文をする』は give an order のように冠詞をつけ、「命令する」は orders のように複数形で表わします。
『命令する』は上から下へと複数のものに言いわたすところから複数形を用い、an order の場合は『注文しようとその相手に伝える』から give an order の形を用いるのです」

（3）さらに広げよう！　give の世界

N)「こんどは、日本語から give を使って表現した、使える例文をあげておきます。かなり多いですよ。
①彼のアドバイスはとても役立った。
He **gave me good advice** and help.
②彼は私に時計を**プレゼントしてくれた**。
He **gave me a watch** as a present.
③彼の授業は**とてもいい授業であった**。
He **gave us a very good lesson**.
④**まけてください**。

Please **give me a discount**.

⑤きれいな景色を彼らに**見てもらえてとてもよかった**。

We had a good impression to **give them a look** around the beautiful scenery.

⑥運動会のとき（an athletic meeting）彼らは私を**応援してくれた**。

They **gave me a hand** when we had the race in the athletic meeting.

⑦**ソースを回してください**。

Please **give me the sauce**.

⑧彼にその代償としていくら**払ったの**？（for it）

How much did you give him for it?

⑨あと２日の猶予（ゆうよ）をあげるよ。

I will **give you two more days**.

⑩彼女は窓を壊したので彼を**叱った**。（scolding）

She **gave him a scolding** because he broke the window.

⑪彼によろしく**言って**おいてね。

Please **give my best regards to** him.

⑫**休ませてよ**。

Please **give me a break**.

⑬地震で**深刻な被害を受けた**。

The quake **gave us serious damage**.

⑭どうぞその申請**許可をお願いします**。（apply）

Please **give me permission** to apply it.

⑮彼女は彼を**殴った**。（a punch, a blow）

She **gave him a punch**.

　＝give him a blow

―― 〈使えるイディオム〉 ――――

give him a laugh（彼を笑う）

give a yawn（あくびをする）

give him a surprise（彼を驚かす）

give a cry（泣く）

give a shrug of the shoulder（肩をすくめる）

give him a kick（彼を蹴る）

give him a kiss（彼に口づけする）

give him a wink（彼にウインクをする）

give him a call（彼に電話をする）

give me a lift（私を車に乗せる）

⑯どうぞなんでも**質問して**ください。

Please **give me some questions**.

⑰内線1111を押してください。

Please give me extension 1111.

⑱彼に後で私に**電話する**ように伝えてください。

Please tell him to **give me a call** later.

⑲**明かりをください**。

Please **give me a light**.

⑳**驚かさないでよ**。

Don't give me a surprise.

　（ふつう don't please は使いません。否定を表す表現に〈please〉はなじまないのです）

さて、まだまだあります。続けましょう！

㉑彼はいい先生だよ。それは**認めるよ**。

He is a nice teacher. I will **give you that**.
@その子には**十分注意をしてあげなさい**。(care＝世話、相手に気をつけること)
You have to **give great care** to the kid.
@**ご迷惑をおかけして**すみません。
I am sorry to **give you trouble**.
@彼に**コーヒーを出して**。
Please **give him coffee**.
@医者を**呼んでください**。
Please **give me** a doctor.(get me が普通)
@彼に**一切話しかけないで**。
Don't give him any words.
@彼らは彼女に**どんな役をさせるの**？
Which role will they **give her**?
@この問題を一緒に**考えてみましょう**。
Let's **give a thought to** the problem.
@そんなことをする**暇なんてないわ**。
I **don't give you any free time** to do such a thing.」

英会話上達のポイント⑫

> come は、『近づく』を意味し、go は、『離れていく、残る』を意味する。

（1）芸がこまかい！ come と go の世界

N)「2者間、たとえば私とあなたの間として、今いるところからあなたのいるところに『向かう』、『行く』も come ですし、あなたが私のところに『来る』のも come なのです」

Q)「へえ。どうして『行く』も『来る』も come なのですか」

N)「それは『話をしているもの同士、つまりあなたと私のいるところ』をA点とすると、2人ともA点にいるわけで、そういう範囲内では『相手のところへ行く』も「相手が自分のところに来る」のも come なわけです。

そして、『A点以外のところを目的地』と定めて、そこに向かうことを go と表現するのです。

ですから here（ここ）という場所に『向かう』は come here となり、それ以外の場所に離れて行くは go to 〜、go there となるのです。

つまり、今いるところ以外のところに『向かう』は『今いるところを離れる』となるので、go というわけです」

Q)「なるほど。英語は芸がこまかいですね（＾＾）」

N)「The typhoon is coming.（台風が近づいてきている）
台風が『今いるところに近づいている』を意味します。come の本来の意味は、『近づく』、『向かう』、『くっつく』という意味の広がりをもっています」

Q)「come も因果関係で意味が広がるのですね」

N)「そうなんです。come には to、into、on、out、off、from など前置詞や副詞を用いますが、そのマインドはこうです。

もしあなたが come off を用いると『くっついているものがその場で離れる』、つまり『はがれる』を意味します。

The cap has come off.

　（キャップがとれた）

そして out は『外に出て行く』、『広く行き渡る』の意味を持っていますから、come out で、『現状から外に』、『取れる』、『出版される』を意味します。

A new magazine is **coming out**.

　（雑誌が今あるところから外に向かう）から、雑誌が**出版される**、を意味します。

Flowers are **coming out**.
　(花が現状から外に向かう)=『**花が咲く**』を意味します。
come to とやると、(相手の方向に向かう)から『相手のいる方向に行く』を意味します。
I will come to your house this afternoon.
　(私は午後あなたの家にお伺いします)
このように come は『向かう』という意味では『今いるところから向かう』、『現状から向かう』を表します。
come に対して go は『今いるところから離れて行く』を意味します。
二者間の往来は、come を用いるのに対して、go は二者間以外のところに行く、を意味します。
この意味で
①He will **come back** soon.
　= He will get back soon.
　(彼はすぐに帰って来るだろう)
②He will **go back** to Japan this April.
　(彼はこの4月に日本に戻って行くだろう)
①come back は『今いるところ、今話をしているところに戻る』を意味するのに対して、②の、go back は『今いるところ、今話をしているところから離れて戻る、帰っていく』を意味します。
また**『come＋形容詞』では『元に戻る方向に向かう』**を表わし、**『go＋形容詞』では『元にある状態から離れていく状態で元に戻らない方向に向かう』**を表します。
come がよい方向に向かう、go が悪い方向に向かうなんてこんな嘘みたいな発想はやめて、正しく come、go をとらえてくだ

さい」

Q)「えっ。そうなんですか」

N)「Everything is going well.
『ことがよいという状態に向かっている』を表わします。そのマインドは「もともと景気がよくない」状態というのが背景にある時、『ことがよくなる』は『景気が良くない方向とは異なる方向に向かう』を表すのでgoを用いているのです」

Q)「なるほど」

N)「His fear came true.
　(彼が恐れていたことが現実のものになった)
　(もともと恐れていたという状態があって、その方向に)『向かう』＝comeなのです。

また『go＋形容詞』は**『現状から離れて別の状態に進む』**を表します。

Oil price will have to go higher yet.
　(油の値段がまだ上がるだろう)

元の状態よりも悪い状態に『離れていった』を表すので、goの世界です」

Q)「ほんとによくわかります」

(2) 意味が深い！　goneの世界

N)「goの形容詞はgoneの形で用います。主に口語なので、そのマインドを知っておくと便利です。

goneは太陽が斜陽し、西に沈むという動きをイメージしてください。『日が沈む』、『衰えてゆく』、『力が無くなる』、『離れていってしまう』、その結果『姿が見えなくなる』、『使い果た

す』という意味の広がりを持っています。

She is **gone**.
　（彼女は亡くなって、今はいない）

Those days are long **gone**.
　（その時代はずいぶん昔のことになった）

His money is **gone**.
　（彼はお金を使い果たして、今は持っていない）

Everything is **gone** with ashes.
　（すべてが灰と化した）」

5日目

情景発想法で
「どんどん英語を話してみる！」

1つの日本語＝1つの英語ではないのです。
いろんな言い方があっていいのです。ある単語が
わからないとき、どういうふうに言いかえて通じ
させていくか。その『情景発想法』の基本を一緒
にマスターしましょう。

英会話上達のポイント⑬

英語は因果関係で意味がひろがるので、〈力と方向感覚で意味をとらえる〉ことで、情景的に表現すると、いろいろなことがいとも簡単に話せる。

Q)「西村先生が、懇切丁寧に、英語のこと、つまり、言葉は、こうするとああなる、という**因果関係**で意味が広がることを教えてくださったので、おかげさまで、〈力と方向感覚で意味をとらえる〉ことで、情景的に表現すると、いろいろのことが怖いほど簡単に話せるもんだ、ということが理解できました」

N)「それはなによりです。では『彼女は妊娠3か月です』を英語でどう表現しますか？」

Q)「情景発想では『彼女＋3か月の赤ちゃん』と発想すればよいのですね」

N)「Very good! そのとおりです」

Q)「She has a three-month-old baby. と発想すればよいのですね」

N)「そのとおりですが、ハイフンの基本的な用法を知っておきましょう。あっ、その前に、この英文は状況によっては『彼女には生後3か月の赤ちゃんがいる』という意味になることも覚えておいてくださいね」

英会話上達のポイント⑭

ハイフンの打ち方は、次の3つを覚えておく。

①2語以上の語句を1つの形容詞として用いる場合のハイフンの打ち方は、単数扱いとなる。
「a three-month-old baby（3か月の赤ちゃん）」
＊妊娠3か月の意味になることもあります

②名詞と名詞とをハイフンでつなぐ場合は「名詞―名詞」で日本語の「何を―どうすることなのか」「何を―どうする人なのか」の意味になる。
「computers-operator」であれば、computers（コンピューター）を「操作する人」となる。

③このようにハイフンでつなぐ場合は、（名詞が複数の場合は）「何を」に相当する名詞を複数形にして、「どうするのか」の名詞のところを単数形で用いる。
flowers-arrangement＝花を生けること＝「生花」

Q)「質問！　どうして（3か月の赤ちゃん）を述べるとき、複数形で表さないのですか」
N)「2語以上の名詞をハイフンでつなぐとき、『一語扱い』となります。この文では、3か月の、という形容詞扱いなので形容詞には当然、複数形はないのです」
Q)「ああ、なるほど」
N)「学校英語では、ハイフンの打ち方のマインドまで教えてくれませんから〈西村式〉で述べておきます（笑）。上に述べたことのほかでは、次の法則です。ハイフンって、使いこなすと便利ですね。どんどん慣れてください」

── 〈ハイフンの法則〉 ──

① 「名詞」+「名詞」となる場合、ハイフンを打たない場合でも、意味は「**名詞（何を）+名詞（どうすることなのか）**」という意味になる。

　book cover =「本」と「カバー」=「本のカバー」
　car sales =「車」と「販売」=「車の販売」

② 「**名詞-動詞 ing**」は「**名詞（何を）-動詞 ing（どうしようとするのか）**」を表す。

　a computer–operating job
　　（コンピューターを操作する仕事）
　a flower–arranging school
　　（花を生ける学校=生花学校）
　an English–learning program
　　（英語を学ぶプログラム）

③ 「**名詞-過去分詞**」では「**何をどういう状態にされた**」を意味する。

　the pictures-exhibited room = picture exhibition room が普通
　　（絵画を展示された部屋=絵画展示室）
　a seat-reserved order
　　（席を予約された順序=予約順= seat–reservation）
　a flowers-arranged alcove
　　（花を生けた床の間）

Q)「だから、3か月の赤ちゃん、は a three-month-old baby となるのですね」

N)「ええ、妊娠する、は『英語で何と言うのかなあ』などと考えようとするから、話せなくなるのです。妊娠するとどうなるのかで発想するのです。『何がどうなるのか』、『何をどうするのか』、あなたの意思と発想力で言葉を創造するのです」

Q)「なるほど。だからネイティブも人によって表現が異なるのですね」

N)「日本人の英語がもっともいけないことは暗記を優先して、『日本語＝英語』と考えて、本来、ひとそれぞれに目鼻の形が異なるように自分なりに表現すべきものを画一化した表現に回答を見つけようとすることです。これでは、英語はなかなかうまくなりません。このように**『何がどうなるのか』、『何をどうするのか』**で発想する方法を何度も言いますが〈情景発想〉といいます。では、次頁からの日本文を〈情景発想〉で考えてみてください」

基礎特訓 1

『キャ～、痴漢だわ！』

N)「仮にアメリカの地下鉄で、アッ！ 痴漢だわ、という場面に遭遇すればどうしますか。『痴漢』という単語がわからなくて、パニックになるかも。しかし、情景発想なら、わりと簡単に状況を表現できるのです。
誰が痴漢行為をしたのかがはっきりしていれば、

He touched my hip (or bottom)!
　　(彼は私のお尻を触った)

He put his hand up my skirt.
　　(彼は手でスカートを上げた)

そして、誰かわからないけど、被害にあっているのなら
Help me!(助けて！)

場合によっては、Call me the police!(警察を呼んで！)
すなわち、場面に応じて〈何をどうすればよいのか〉で発想すればよいのです」

基礎特訓 2

『彼は会社でつらい目にあっている！』

N)『どうあればつらいのか』、『どういう動作をしてつらいのか』、『つらければ、どうすればよいのか』で発想するのです。ちょっとまどろっこしい気がするかもしれませんし、英語もすっきりしていないものが多いでしょう。でも、それは発想法の練習なので、気にしないでください。

美しい英文を求めて、結局、黙り込むよりも、たどたどしい英語でも、ネイティブとばりばりコミュニケーションがとれることが、西村式英会話の極意なのですからね。

①He often cries at the office.
　（彼はしばしば会社で泣いている）

この表現も、場合によって可能です。

ただ、この場合は、『どうしてつらい目にあっているのか』の理由を述べる必要がありますね。

because he has to knock on about 40 houses or so a day.
　（なぜなら彼は1日40件ほど戸別訪問をしなければならない）

理由を情景として加えると、いきいきと場面が伝わりますね。

さらに、例文を広げていきましょう。

『どうあればつらいのか』という情景を描きます。

②He has hard time at his office.
　（彼は会社でつらい目にあっているよ）

　His job is very hard.
　（彼の仕事は厳しい）

③He often has tears in his office.
　（彼は会社ではしばしば涙を流している）
＞彼はいつも（つらい目にあっていて）目に涙を浮かべている (have tears)、と発想。

④He often says to me "I want to stop working at my office.", but he does the best.
　（彼はよく私に『そこで働くのを止めたい』と言っているが、一生懸命にやっている）

―――、こういう情景もありうるでしょう。さぞつらい毎日でしょう、という推測が成立します。

⑤He usually climbs a steep mountain of his job.
　（彼はいつも仕事の険しい山に登っている）

この表現でも、つらそう、という情景が浮かびます。

このように、つらい、という情景がでてくれば、何でもかまわないのです（笑）。

たとえば、①difficulty（困難）、②strong wind（強風）、③a wall（大きな壁）、④wave（波）、⑤an obstacle（障害）などの語を発想できればしめたものです。

@**face difficulty**（困難に直面する）
@**a strong wind blows**（強風が吹く）
@**hit against a wall**（壁にぶつかる）
@**be swallowed up by wave**（波に飲まれる）
@**have an obstackle**（障害がある）

⑥He usually **climbs the stairs of his job** with a heavy luggage.
　（彼はいつも重い荷物をもって仕事の階段を上がっている）
　＝（さぞつらいことだろう）

⑦The other workers often scold him.
　（よく他の人が彼を叱っている）＝（つらかろう）
⑧He often says to me "I have a headache to my job."
　（彼はよく私に『オレは仕事で頭が痛い』と言うよ）
　　＝（仕事でつらい目にあっているんだろうな）
⑨He said to me "I can't sleep well" when he thought of his job."
　（彼は仕事のことを考えると『よく寝られないんだ』と言っていた）＝（つらいでしょうな）
⑩He is sick about his job.
　（彼は仕事のことで悩んでいる）＝（つらいはずだ）
⑪He is neurotic because his job is not going well.
　（仕事がうまくいかないので神経症にかかっている）
　　＝（きっと仕事がつらいのだろうな）
⑫He is a little nervous about his job.
　（彼はすこし仕事のことで神経が高ぶっている）
　　＝（つらい日々であろう）
⑬He is worrying about his job.
　（彼は仕事で悩んでいる）＝（つらい）
⑭He is sinking now because everything is not going well at his office.
　（彼は会社で何もかもがうまくいかないので沈んでいる）
　　＝（つらいと思うよ）
⑮He usually says to me "I want to stop working at the office"
　（彼は彼の会社で働くのを辞めたいと言っている）
⑯He has hard time, but he has to get over it.
　（彼はつらい時をかかえているが、それを乗り越えなければ

ならない)
———、いろいろと表現できます。

こうして考えると、語学学習の上達においては、

①暗記というか覚えることも大事であって、
②さらに覚えたものをどう使うか

———という2つの立場を持つことが大切であるということをもっと意識しないといけないのです。

なかでも『覚えたものをどう使うか』を知らないと自らの意思と発想力で言葉を創造する表現力が身につかないのです。英文法も単語も、イディオムも語法もそのためのものなのです。

さらに、練習をしてみましょう。

基礎特訓 3

『トイレに行きたいわ』

N)「どうあればトイレに行きたいのか、で発想すると、

①Nature calls me.
　（自然が私を呼んでいる）

さらに『トイレに行きたければどうすればよいのか』という発想からは浴室にトイレがついているので、浴室を使いたい、といえばいいのですね。

②I want to use the bathroom.

トイレをすればどうなるのか、という結果からは、手を洗う、という行動になりますから、手を洗いたい、という表現で『トイレに行きたい』という意思を伝えることができるのです。

③I want to wash my hands.

④Where is the restroom?

⑤Please tell me where the restroom is.

⑥Do you know where the restroom is?
　（トイレを知っていますか）

⑦Excuse me, but I must be going.
　（失礼。ちょっとこの場を離れますが、すぐに戻ります）

⑧Excuse me! Just a moment.
　（ちょっと失礼しますね）」

Q)「なるほど。要は、伝わればいいのであって、この言い方でなければならないと発想を縛られることはない、というわけですね」

基礎特訓4

『頭にくるよ！』

Q)「頭にくるとその結果どうなるのかと発想すると頭にくるとは、怒ることです、から、be angry、get angry などを用いればよいのですか」

N)「そうです。やってみてください」

Q)「次のように、いろいろ表現できるように思います。

① I **feel angry** about it.
（それには頭にきている）

② I **feel bad** when I see him.
（あいつに会うと気分が悪くなるよ）

③ I am mad at him.
（やつにはむかつくぜ）

④ He often **makes me angry**.
（彼は私をよく怒らせる）

⑤ I don't like to see him.
（私は彼に会いたくない）

⑥ He **makes** me **feel bad**.
（彼は私の気分を悪くさせる）

⑦ I hate you.
（おまえが憎いよ）」

N)「よくできましたね。①から⑦へ、だんだんと感情が憎悪十分になってきていますね（笑）。Son of a bitch（畜生）、とか Shit!（ちぇっ！ 畜生）のような汚いことばが、ネイティブの会話では頻出してくる場面ですね」

基礎特訓 5

『嫌味を言ってやがる！』

N)「嫌味を言う、は、その結果どうなるのか、で発想しますと、①彼は私が聞きたくないことを私に言う、②彼はよく私が聞きたくないことを私に言う、③私の悪口を言うのに興味をもっている、などのことを表現すればいいのですね。やってみてください」

Q)「はい、トライしてみます。情景を発想してみます。

①He often tells me what I don't like to hear.
　（彼はよく私が聞きたくないことを私に言う）

②He feels it glad to talk about my weak points.
　（私の弱点を言って彼は喜んでいる）

③He is interested in speaking ill of me.
　（私の悪口を言うのに興味をもっている）

こんな感じでどうでしょうか」

N)「いいですよ。慣れてくると長い文章にすることもらくにできるようになりますよ。

I can't understand why he often tells me about my weak points and makes me feel bad.
　（彼は、どうして私に何かを言って、私の気分を悪くさせるのか理解ができない）」

基礎特訓6

『生意気なやつだ！』

N)「これも、生意気であればどうなるのか、からいえば、次のような発想からスタートすればいいのです。

①He doesn't know it, but he **makes us believe** that he knows it.

　（彼はそのことを何も知らないが、知っているように信じさせようとする）

そして、I dislike him.（だから私は彼が嫌いだ）と付け加えると、あなたが彼を生意気だと苦々しく思っている意思は十分に伝わります。ことばは、伝わることが大事なのですからね。

②He doesn't know it, but (he) says as if he knows it, so I don't like him.

　（彼はそのことを知らないが、まるで知っているかのように言っている。だから好きになれない）

このように、as if（まるで…するかのように）を使うと、すこし柔らかい表現になります。

③He pretends to know it, but he doesn't know it so much.

　（彼はそれを知っているふりをしているが、彼はそのことを知らない）

④He may think that he is great when he does something.

　＞生意気な人間は、**自分が偉いと思っている**、から上のような表現でも、言いたい思いは伝わるでしょう。

⑤He never thinks of the others when he does something.

　＞生意気な人間は、**他人の気持ちを気にしないから**。

⑥He doesn't say to me "Please go ahead."
  ＞生意気な人間は、**どうぞお先に**というように人に譲ることを知らないから（笑）

要は、状況とかその場面にふさわしい表現を用いることで、会話は成立していくわけですね」

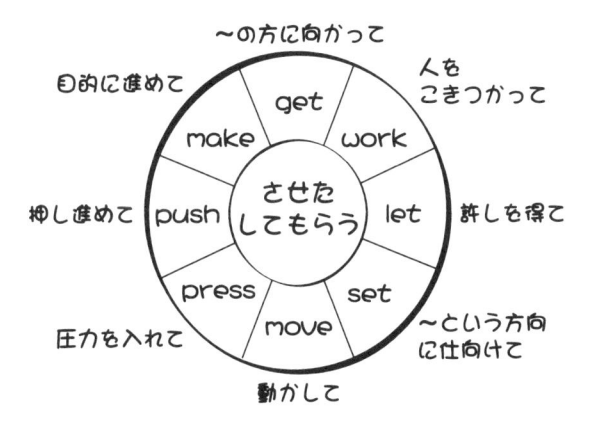

円の中心：させた／してもらう

- get ～の方に向かって
- work 人をこきつかって
- let 許しを得て
- set ～という方向に仕向けて
- move 動かして
- press 圧力を入れて
- push 押し進めて
- make 目的に進めて

基礎特訓 7

『弱音を吐く』

N)「だいぶ情景発想による英会話に上達してきたと思いますので、次にどうあれば弱音を吐くか、という情景発想による例文をあげておきます。

①He **said** to me "**I can't do it**."
　(彼は私に"それができない"と言った)

②I **don't have the confidence** to do the job.
　(私はその仕事をするのに自信がない)
　＞confidence (自信)

③He **said** to me "**Please leave this job to another person**."
　(どうぞ他の人にこの仕事を任せてくださいと言った)

④He **said** to me "**I wonder if I can** do this job."
　(私にそれができるかどうかと言った)

基礎特訓 8

『彼女はけちだよ！』

N)「ここまでくれば、らくに表現できるでしょうが、念のために説明しますと、けちであればあまり自分のお金を使おうとしないという情景ですね。そこで、**彼女はお金を持っているが、使おうとはしない**、という表現が出てきます。
因果関係をはっきりさせると理解されやすいのです。

She has a lot of money, but doesn't try to buy even what she wants.
　（彼女はお金を持っているが、欲しいものでも買わない）

あなたならどう表現しますか」

Q)「She has a lot of money, but says to me "I don't like to use my money."
　（お金はあるが自分のお金を使いたくないと言っている）と
　　言えばよいのですか」

N)「すばらしい！」

6日目

怖いほど話せる！　応用練習23

『すぐに役に立つよ！』

> **言葉は生きてます。**
> 言葉が相手の心を動かすことができないと会話ではありません。この意味で、くどいようですが、**「何がどうなるか」「何をどうするか」**（なぜそうするのか）この情景発想法こそ、単語力のある人も語い力のない人も、自分の意思と発想力で**『いとも簡単に英語が話せる』**ようになる近道なのです。
> もちろん、いとも簡単に話せるようになるためにはそれなりの訓練をしてもらわねばなりません。

英会話上達のポイント⑮

学校英語では、採点の都合上、正解を決めていて、それにあわないとバッテンをつけるか、大きく減点してきました。
日本人が英語をまちがうのは当然なのに、まちがえると、先生も生徒も、(そら、ミスったよ)、(ちがうよ)とかすぐに反応します。この根性が、日本人の英語力の上達にブレーキをかけてきたと言えます。
学校英語では、『お前が好きだ』は、原則としてI love you！———しか正解としません。しかし、実際の社会では、大好きなのに、「おまえなんか大嫌いだ。消えちまえ」という表現が多く、その発言こそが、真実の気持ちを表現しているのですよ。学校英語で、そんな答を言えば、大きくバッテンをつけられて、試験に落ちてしまうでしょう。が、実社会では「嫌いだ」という発言こそ、大好きだ、という告白であることは実に多いでしょう。
だから、「英語＝日本語」の単語や文章を作るのではなく、情景から見て、真実の気持ちや状態を伝えること、すなわち、〈情景発想法〉こそ正しい、英語上達の近道なのです。
これまで何をやっても英語がしゃべれなかった人は、この〈西村式情景発想法〉においてこそ、救われるのです。
だから、この方法で英語をなお話せないという人は、もう英会話をあきらめてください———というのは、私の自信の表れなのですよ。
ということで、本日は、希望に燃えて、ばんばん情景発想で練習問題をこなしていってください。
そうすると、自分でも怖いほど、英語がしゃべれるようになっている自分を発見することでしょう。
それじゃ、ぼちぼち行きましょうか（笑）
「何がどうなる、何をどうするか、でいろいろな日本文を情景発想で考えましょう」

Q)「先生の気迫に感動しました。これまでの学習で、かなり要領は会得したつもりですので、どんどんやってみますよ。まちがってもいいのですよ、ね（笑）」

N)「日本人が英語をまちがうのは当然ですよ。"No, no." と言って言い直せばいいのですし、普通は、相手のほうがわかってくれようとしてくれますので、とにかく口を開くことを心がけましょう。

それでは、応用編として、すこしむつかしめの練習問題に挑戦してみましょう！」

応用特訓 1

彼女は私のことを教養がないと侮辱した。

Q)「私のことを侮辱した、は結果ですから、**どうあれば侮辱した、という情景がでてくるのか**と考えればよいのですね。そうすると多分、嘲笑するのでしょうから、laugh at me を用いて、まず主文は、

She laughed at me.

―――でよいのでしょうか」

N)「そのとおりです。続けてください」

Q)「はい、では、続けます。

She laughed at me and said, "You are foolish, so you must study more!"

あるいは、主文をすこし変えて、

She made me feel shy because she said to me "You are foolish, so you must study more!"

―――でもいいのですね」

N)「すばらしい！ それでいいのです。それから…」

Q)「それぐらいしか思い浮かびませんでしたが」

N)「そんなに簡単にギブアップしないで（笑）。たとえば『軽くみる』（think light of）とその結果、侮辱する、という意味が出てくるでしょう。

She thought light of me.
　（彼女は私のことを軽くみた）

とか、やや意味が弱いのですが、『尊敬しない』（not respect）

でも、その結果、侮辱する、ことを示唆します。

She said to me "I don't respect you."

とも表現できることになります。さらに、so, I am angry at her という英文を補足すると、あなたの気持ちは十分に伝わりますね」

Q)「どうあれば教養がない、という意味になるのかを考えれば、『これまでにあまり本を読んでこなかった』という因果関係から、because I have never read many books で表現してもいいですね。次の表現でどうですか。

She thinks light of me because I have never read many books, so I am angry at her.

　（彼女は私がこれまでに多くの本を読んでこなかったゆえに私を軽視し、私はそんな彼女に腹が立つ）」

N)「いいですね。『教養がない』という単語を知らないときは、〈どうであれば、教養がない結果になるか〉を考えて、そういう状況を英語にすることで、ほぼ同様の意味をコミュニケートできるわけです。

@I have not studied well.

　（私はこれまでに勉強をあまりしていない）

@I am not wise.

　（私が賢くない）

@I haven't had a good education.

　（深い教育を受けていない）

@I am not educated.

　（教育されていない）

@I have poor knowledge.

　（知識があまりない）

@I don't have a common sense.
　（常識がない）

@I am not in refined.
　（洗練されていない）

———のように表現すれば、教養がないというニュアンスなども表現できることになります」

Q）「なるほど。そうですね。先生、もともとの『侮辱する』は、英単語では、なんというのですか」

N）「『insult＝侮辱する』ですね。情景発想も強力な武器ですが、単語も多く覚えれば覚えるほど武器になりますので、一方で、覚える努力はしてくださいね。

自分の知ってる単語と文法を使って、情景発想で英語にしてみる楽しさはわかりましたか。

知ってる単語と情景発想で、下記のように言えたら、合格だと思います。

I felt very angry at her because she said to me in front of the others "You must read more books. If you don't, I won't like you."

　(She insulted me by saying "You are foolish, so you must study more.")

　（彼女は、あなたは馬鹿だからもっと勉強しなさいと言って私を侮辱した)」

応用特訓2

いい加減にしろよ。

Q)「先生、これは、なんとかやれそうですよ（笑）
どうあればいい加減にしろよ、という意味が伝えることができるのかを発想します。

①**I don't want to hear it** any more.
　（そのことはこれ以上聞きたくない）
②**Stop it**!
　（止めろ！）
③**Don't touch it** any more.
　（そのことにこれ以上ふれるな）
④**I'll never let you** if you talk about it once more.
　（これ以上そのことを言うなら許さないぞ）
⑤**Shut up**!
　（黙れ）
⑥Son of a bitch!
　（この野郎！）

実際の場面によって、どの表現を使うことになるのかは別として、『何がどうあれば…』、『その結果、何をどうすればよいのか』という発想が身につけば、面白いようにいろいろな表現がでてくるのですね」
N)「成長しましたね（笑）」

応用特訓 3

あんた、(自分を) 何様だと思っているの。

Q)「あんた、何様だと思っているんだ、を情景で発想します。『あんたは自分を世界で一番偉いと思っているの』と言えば、『あんた、何様だと思っているのよ』と同じ意味になるので、
Don't you think that you are the greatest in the world?
あるいは、『あなたは自分を神様か何かと思っているの』から、
Do you think that **you are God or something?**」

応用特訓4

彼女はおまえにいかれているぜ。

N)「これも、簡単にできるでしょ（＾＾）」
Q)「おまえにいかれているとどうなるか、と発想します。日本語で言うと、①『おまえのことを愛しているので、朝から晩まで忘れられない』、②『愛にのめりこんでいる』、③『彼女は愛に捕らわれている』…などなどの場面を発想して、英語に自分の知っていることばでなおしていけばいいのですね。

①She loves you, so she said to me "I can't stop thinking about him from early in the morning until late at night."

②She is in love to you.

③She is caught in love for you.

さらに嫌味に聞こえますが、

④I often hear her saying "I love him."

⑤She is very hot for you.

⑥She is crazy about you.

⑦She is mad about you.

⑧She can't live without you.

先生、彼女はおまえがいなければ生きていけない、という発想なんか、なかなかいいでしょう」

N)「文句なし！　このように発想するカンが身につけば、少ない単語量の人でも、それなりに表現力を発動できますので少なくとも沈黙という最悪の状態は避けられるようになります。大切なのは応用できる本来の意味を知ることです」

〈be caught in love のマインド〉

catch は、『**動く性質のものに加わる**』、『**動いているものを加える**』その結果『**つかむ**』、『**離さない**』「にっちもさっちもいかないようにする」を意味する。

be caught in love で、『愛という結果にどうすることもできない状態にされる』を意味する。

『動いている性質のものに加わる』という意味では、主語が動くものをもってきます。

　　catch the train（その電車に乗る）
　　catch the rabit（そのウサギを捕獲する）
　　catch the criminal（犯人を捕まえる）

また『つかんで離さない』という意味では、『つかんで離さない』を表す「主語」+catch〜の形で用いる。

This gear **caught** an umbrella.
　（このギアに傘が絡まった）

This hook **doesn't catch** well.
　（フックがうまくかからない）

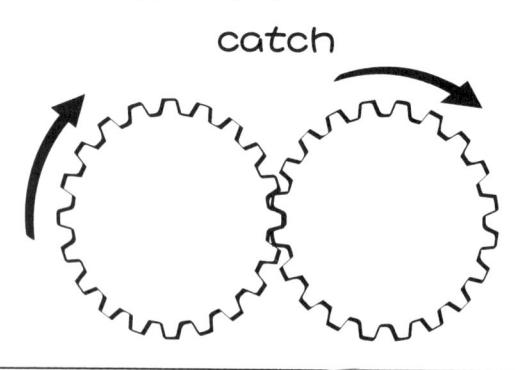

catch

応用特訓5

過ちをしても仕方ないさ。

Q)「どうであれば仕方がないのか、を表現します。

①**There is no way**.
仕方がないとは（方法がない）わけですね。

②We **have no way**.

③Everyone makes the same mistakes as he did.
誰もが同じ過ちをすれば、（仕方がない）です。

④We should leave it as it is.
しかたがなければ、その結果、（それを放っておこう）

⑤**We should forget it**.
しかたがないので（忘れよう）
———こんなんで、どうでしょうか（笑)」

応用特訓6

多くの人の前ではあがってしまい、うまく歌えないよ。

Q)「どうあれば、あがってうまく歌えないのか、という情景が出てくるのかといえば、たくさんの人が見ているから、という場面が多いでしょう。

I can't sing well because many people watch me.」

N)「『あがる』という単語を知らなくても、情景を伝えることで、その意味を表現することができますからね。さらに、あがればどうなるか、といえば、**『恥ずかしい』**。

I **feel shy** when I sing songs in front of many people.
―――こんな表現もいいですね。
あがると、その結果どうなるのか。多くの場合、『ステージで胸がドキドキさせられる』(have a stage fright) というイディオムが用いられるのもこのためなのです。

I **have a stage fright** if many people watch me.
　（多くの人々が私を見つめているとあがるわ）

あがると、たいてい『心臓が早く打つ』状態になります。
My heart beats fast when I sing songs in front of many people.
さらに、あがると、冷静でいられない。
I can't calm down if I sing songs in front of many people.
　（おおぜいの人前で歌うと落ちつけないの）
―――とも表現できます」

応用特訓 7

これだけ車が混んでいたのでは、会議の時間に間に合わないよ。なんとかしなければ。

Q)「車が混む、は、**Oh! many cars**.
さらに、車が混んでいれば、どうすればよいのか、ということを考えると、他の道を通った方がよいよ。

We should **make another way**.

あるいは、迂回した方がいいよ。

We should make (or take) a detour.

―――こんな発想で英語を言えばいいですね」
N)「そのとおりです。まとめると、こんなところでしょうか。

This street is very crowded with cars, so we won't be able to attend the meeting on time. Let's make another way.」

> **応用特訓 8**
>
> どうも私はA議員だけは不信感が払拭できないわ。

Q)「不信感が払拭できなければどうなるのか、で発想します。A議員を信じることができない、わけです。

I can't believe the politician, Mr. A.

I would like to say to the politician, Mr. A "Take off your budge."
　（A議員に議員バッジを外せと言いたい）
I will never vote for him.
　（二度と彼に投票してやるか）
I won't write his name on the election day.
　（選挙の日には彼の名前を書くものか）
I think it is strange that he will be a politician.
　（彼が政治家になるのはおかしい）
Another politician must be the Prime Minister.
　（他の人が総理大臣になるべきである）
We cannot leave the Prime Minister to him.
　（彼には首相を任せることができない）
We can't follow only the politician, Mr. A.
　（我々はA議員にはついていけない）
He should give his seat to another politician.
　（彼は議席を他の人に譲った方がよい）」

N)「このように言いたいことを『何がどうなるのか、その原因は何なのか』という因果関係で言葉を広げるカンを身につけると、どんどん表現が広がるでしょう。こうなると外国人との英会話も楽しくなってくるのですよ（＾＾)」

応用特訓 9

景気の見通しは来年度も依然厳しいだろう。

Q)「なんか、むつかしそうですね。でも、やってみます。景気の見通しは、見通すにはどうするか、で発想すると、つまりは、『予測できる』という表現になりますね。

We can **guess**〜
We can **read**〜
We can **tell**〜
We can **foretell**〜

と発想することにします。

景気の見通しが厳しいということは、その結果、来年のよい景気を予測することができないということです。

We can't **guess** the next year's good business condition.
　（来年のビジネスの好況を予測することができない）

The Japanese companies will still **have hard time**.
　（日本の会社はまだまだつらい時をもつだろう）

We will not be able to **sell our goods well**.
　（商品も良く売れないでしよう）

ところで、市場の購買力が落ちるだろう、ともいえますが、購買力って、英語でどういえばよいのですか」

N)「購買力は『買う事を目的とする力』と発想すると、a buying power でよいのです」

Q)「そうすると次のようにも表現できますね。

The next year's buying power will fall in the market.
　（来年度の購買力は落ちるだろう）」

N)「どうです？ 中学英語でも経済を表現可能でしょう」
Q)「ええ。でも、本当にこんな簡単な表現でよいのですか」
N)「いいんですよ。大切なのはコミュニケーションをするために言葉があるのですから（＾＾）
次に、同様に情景発想した表現を並べてみましょう」

We will still **have less demand** than this year's.
　（需要は今年よりもさらに少なくなるだろう）

We must **be patient** until the Japanese economic condition gets better.
　（我々は日本経済がよくなるまで辛抱しなければならない）

We must **work much harder** however we face hard time.
　（つらい時だけどさらに一生懸命に働かねばならない）

We have to **wait until the economic condition gets better**.
　（我々は経済がよくなるまで待たねばならない）

We won't be able to **spend so rich life** for a while.
　（しばらくはそれほど贅沢な生活を送れないだろう）

Demand will **still fall in the market**.
　（需要は市場ではまだ落ちるだろう）

〈buying power から学ぶ〉

buying power のように『動詞（目的語をとらない動詞）+ ing + 名詞』の形は、『〜しようとする目的の、〜という動作をしている』という形容詞の仲間なのです。

たとえば、a studying room とやると studying が『勉強しようとする目的の』を表すので『勉強部屋』という意味が出てくるのです。

a **shopping** street ＝買い物目的の道＝商店街

a **driving** school ＝運転目的の学校＝ドライブ教習所

a **swimming** school ＝水泳を目的とする学校＝スイミング・スクール

a **turning** point ＝方向転換を目的とする点＝岐路

a **cunning** paper ＝カンニングを目的とするペーパー

an **advertising** company ＝宣伝を目的とする会社

脱線特別講座 fall をマスターしましょう！

fall の本来の意味は、『その場で下に向かう』、その結果、『落ちる』、『下位の方に向かう』を表す。

N)「fall という単語が出てきましたので、脱線ですが、この動詞のマインドについて説明します。fall はどういう意味ですか。落ちる、という意味だとはわかるでしょうが、『がけから落ちる』はどういう英語になりますか」

Q)「がけという単語は a cliff ですから、He fell down from the cliff. となるのでは」

N)「fall down というような使い方はできません。fall だけで、下に向かう、という方向を表す意味を持っています。だから、He fell off the cliff.

———となるのです。down は不要なんですが、その down の意味は」

Q)「下に、という意味では」

N)「そのとおりですが、down には『その場で』という意味もあります。fall down ですと、『その場で下に向かう』、つまり『その場で倒れる』を表します。くりかえしますと、『倒れる』は fall down。『〜から落ちる』は fall from〜。そして『ばったり倒れる』という意味では fall flat となります。

つまり、fall という動詞には『下に向かう』という方向性を内蔵していると覚えておくといいでしょう。

fall

次の例文で、fall の方向感覚がとてもよくわかりますよ。
① 『太陽が沈む』は、太陽が下に向かう、であり、
The sun is falling.
　（日が沈もうとしている）
② 『物価が下がる』は、物価が下に向かう、であり、
The prices are **falling** little by little.
　（物価は少しずつ下がりつつある）
③ 『雨が降る』は、雨が下に向かう、であり、
Rain is **still falling**.
　（雨がまだ降っている）
④ 『恋に陥る』は、人が下に向かう、となり、
He is **falling in love**.
　（彼は恋に陥っている）
⑤ 『敵に屈する』は、敵に対して倒れ伏す、つまり、
They **fell to** the enemy.
　（彼らは敵に屈した）
⑥ 『髪が垂れる』も、髪が下に向かう、であり、
Her hair **falls** to her shoulder.
　（彼女の髪が長く肩まで伸びている）
⑦ 『気が沈む』も、気分が下に向かう、したがって、
Her face **fell** because she failed in the exam.
　（試験に落ちたので彼女の顔はさえない）

⑧『光線がドアにあたる』も、光がドアの方向へ、で、
The ray of light is **falling** on the door.
　（光線がドアにあたっている）
⑨『記念日などが〜にあたる』も比喩的に fall を用います。
April 23rd **falls on** my birthday.
　（4月23日は私の誕生日にあたる）」

> **脱線特別講座** until, by の使い方をマスターしましょう！

> ある時から時計の針の進行方向に連続して『〜まで』を表す時は till を用いる。
> そして目的とする日、期日から時計の針の進行方向とは逆方向に『まで』は by を用いる。

N)「日本の経済状態がよくなるまでしばらく待たねばならない。―――という表現を until を使って、よくなるまですこし時間がかかるだろう、と表現してみます。
It will take a long time until the Japanese economic condition gets better.
さらに『時間がかかれば、その結果我々はより多くの時が必要である』から
We need more time till the Japanese economic condition gets better.
Q)「We must wait…を用いてもいいですね。
We must wait long until we will have a better economic condition.

（我々は経済状態が良くなるまでにはもう少し待たねばならないだろう）

え〜と、質問です。till（until）と by のちがいですが？」

N）「ある時から**時計の針の進行方向に連続して**「…まで」を表す時は until を用いるのです。till は現在では用いないのが普通です。

そして目的とする日、期日から**時計の針の進行方向とは逆方向**に『まで』は by を用いるのです」

Q）「なるほど。だから、経済がよくなるまで待つ、の『まで』は時計の針の進行方向に向かって、『連続してその時まで』だから until を用いればよいわけですね」

N）「私は、自分の学生時代には、次の例文をよく口ずさみ練習をしたものです。

Let's learn to dance **until** her party is held.
　（彼女のパーティが開かれるまでダンスを習っておこう）

Let's practice English conversation **until** we go abroad.
　（外国へ行くまで英会話の練習をしましょう）

He won't get back from the States **until** she leaves the school.
　（彼は彼女が学校を卒業するまでアメリカから帰ってこないでしょう）」

> **応用特訓 10**
>
> 広島食堂で食べたカキで食中毒が発生し、20人が微熱、腹痛、下痢などの症状で虎の門病院へ入院した。

N)「ここではすでに勉強した have という動詞を使うと便利です。単純にいえば、have は、持つ、という意味ですが、実はそんな感覚で have をとらえてはいけないのでしたね。

つまり『主語に何かがすでにプラスされている』、『すでに α の状態になっている』を表すのです。

I **have dark glasses**.

―――私にめがねがすでに加わっている、状態を意味します。
（私は黒いメガネをかけている）

I **have an appointment** with him.

―――私には彼との約束がすでに加わっている、というのが本来の意味なんです。日本語訳としては、彼と約束をしている、ですね」

Q)「何でもかんでも『プラスしてある』という意味で使えるのですか」

N)「ええ。くりかえしますが、英語の意味は『力と方向』で決まるのでしたね。日本語では『食べる、着る、飲む』という動作はどこまでも独立したことばになっています。ですから『食べることを着る』とは絶対に言わないのですが、英語では『食べる』、『着る』、『飲む』は、『方向』で言えば「主語にプラスをしている」を表すので、have で、食べる、着る、飲む、などを表現してしまえるのです」

Q)「ああ、なるほど。そういうことでしたね(笑)」
N)「ここで、本題にもどります。『食中毒』は、どうあれば食中毒なのか、で発想します。私に食中毒がプラスされている、さらに、くわしく述べると、私に『悪いカキ』(bad oyster(s))がプラスされていると発想するとI have bad oystersで、『悪いカキを食べる→食中毒』という意味が出てくるのです。次に、食中毒であれば『腹痛が加わる』からhave a stomachacheと表現するとさらにわかりやすくなります。
もし『下痢』という英単語diarrheaを知っていれば、私に『diarrheaが加わる』わけですから、I have diarrheaと表現できます」
Q)「ぱっとdiarrheaという単語が出てきませんが」
N)「その時こそは西村式情景発想法なのですよ(笑)『下痢になったらどうなるか』で発想してください。

I went to the bathroom many times.
　(手洗いに何度も行った)
この表現でもいいし、すこし品がないと思えば(笑)、
I washed my hands many times.
　(何度も手洗いをした)

とにかく、不気味な沈黙だけは避けてください(笑)」
Q)「なるほど、情景で発想してみるといろいろに表現ができるわけですね。たとえば、『気分が悪くなる』は『I』にa bad feelingがプラスされるわけですから、I **had a bad feeling**でよいのですね」

N)「そのとおりです。さらに『微熱がある』も同じように、少しの熱が加わっている、といとも簡単に表現できます。I **had a little fever**.『入院する』は、hospitalize（入院する）ですが、この単語を知らないときは、『入院するとその結果、病院のベッドで寝ることになる』ですから、sleep in the hospital と表現しても、ほぼ同じ意味が伝わるわけですよ。もちろん、さっさと、

20 people were hospitalized at TORANOMONN HOSPITAL.
　（20人が虎の門病院に入院した）

―――といえるのが、いちばんいいのです。しかし、そう言えないときは、パニックになって、沈黙してしまうのが日本人の英会話の多くのパターンなのですね。だけど、西村式では、同じ意味のことを自分の英語力の範囲でいかに生き生きと伝えるかということを大事にしています。そして、そのやり方を身につけた生徒さんの英会話力が、次々と爆発しているんですよ（笑）。だから、私は嬉しくてしかたがないのです。

さて、入院するという単語を知らないときも、『どうあれば、入院する』という形になるのかを考えればいいのですね。

20 people were taken to the hospital.
　（20人がその病院に運ばれた）

20 people were kept at the hospital.
　（20人がその病院で収容された）

参考までに、私ならこう表現するという例を述べておきます。もちろん、もっともっとネイティブらしい、きれいな英語表現はあるのですよ（笑）。しかし、妙に、はなからきれいな英語、美しい英語にこだわって、結局は、ほとんど何もしゃべれないのが、多くの日本人英語の欠点になっている現状をきちんと認

識して、「おなじ意味を自分の英語力の範囲で最大限に伝える極意」をマスターすることが英会話上達の秘訣なのだということをくれぐれも忘れないようにしましょうね。

20 people had fever and stomachaches and went to the bathroom many times after they had bad oysters at Hirosima Restaurant, so they were taken to TORANOMONN HOSPITAL.

（広島食堂で食べたカキで食中毒があり、20人が微熱、吐き気、下痢などの症状で虎の門病院へ入院した)」

脱線特別講座　助動詞の使い方をマスターしましょう！

I will〜は、『〜する意思がある』、『〜するつもりである』、その結果『意思をかなえる』

I **will** go to the States to study English for a few years.
（私は数年間英語を勉強するためにアメリカへ行く意思がある＝行くつもりである）

I am going to〜＝『〜している最中』、『〜しようとしている』、『〜するのが確実である』

I **am going to** study abroad to study English.
（英語を学ぶために外国で勉強したい）

I can〜＝〜することができる

I can speak English.
（私は英語が話せます）

> ＊canには未来形の意味がありません。ですから **will be able to**～＝～することができるだろうを用います。
> 「すでに～する能力がある」は is（am, are）+ able to +～を用います。過去形で用いる時は was（were）able to +～を用います（確かに～することができた）。

He **will be able to** speak English.
（彼は英語を話すことができるでしょう）

He **is able to speak** English.
（彼は確かに英語を話すことができる）

He **was able to** speak English.
（彼は確かに英語を話すことができた）

I may～＝『多分～できるだろう』、その結果『～してよい』

May I speak English?
（英語を話してもかまいませんか）

He may speak English.
（彼は英語を話すかもしれない）

> I must～＝『どうしても～せざるを得ない』、『～しなければならない』、その結果『当然～するにちがいない』。mustは未来形ではありません。「すでに～する義務が果せられている＝be obliged to+v～」の意味です。ですから未来形では will have to+v～の形で用い、過去形では had to+v～を用います。

You must speak English there.
　(そこでは英語を話さなければならない)

He **must** speak English.
　(彼は英語を話すにちがいない)

> have to〜=『すでに〜しなければならないことになっている』、その結果『どうしても〜するようにしなければならない』、その結果『〜しなさい』

You **have to** speak English there.
　(あなたは英語を話さなければならないことになっている)

> I will have to〜=『どうしても〜しなければならないだろう』

You will have to speak English there.
　(英語をそこでどうしても話さなければならないだろう)

> **応用特訓 11**
>
> 神奈川県警は山田氏を薬事法の違反で逮捕した。調べによると山田氏はやせぐすりと称して高校生にニセの健康食品を販売した疑い。

Q)「むつかしいですね。さっそく単語でつまづいてしまいます。『薬事法』というのはどう表現すればよいのか」

N)「薬事法（law of pharmaceutical affairs）は『薬の法律』と考えればよいのですよ。ほとんどの方は、正確に法律の名前など覚えていないでしょう。とっさの場合は、まずそれを表現するのにふさわしいものを探すのです。そうすれば、ネイティブのほうが、正しい名称を会話のなかで修正してくれるものです。要は、ひとつの単語のために、つっかえてしまい、黙ってしまうよりは、同じ意味のことを別の発想と表現で伝えることが大事なのですから」

Q)「では、the law of medicine かな」

N)「そうです。その発想ですよ。どんどんいきましょう」

Q)「違反すればどうなるのか、を発想します。

Mr. Yamada did not do as the law of medicine says.
　（山田氏は法律の内容通りにしなかった）

He didn't keep the law of medicine.
　（彼は薬の法律を守らなかった）

He is against the law of the medicine.
　（彼は薬の法律に反している）

What he did touched the law.
　（彼がやったことが法に触れた）
いろいろと表現できますね。まとめて下記です。
The Kanagawa police caught Mr.Yamada because he didn't keep the law of medicine.
　（神奈川県警は山田氏を薬事法の違反で逮捕した）」
N)「上出来です。では、『調べによると山田氏はやせぐすりと称して高校生にニセの健康食品を販売した疑い』を英語で表現してください」
Q)「疑うという英単語は、doubt と suspect の2つを知っています。ちがいはどこですか」
N)「doubt は、肯定、否定とのどちらともとれる、という疑いであり、suspect は、確かではない、という疑いを意味します。ついでに、『〜の疑いで』は **on suspicion of**〜も使えます。そして、情景発想では、He might do it.（多分彼がやったんだろう）でもいいですね（笑）」
Q)「辞書によるとニセの薬は fake medicine だそうですが、情景発想では、多くの学生が、この薬を飲むとスリムになれますよと言われたので、買ってしまったと発想すればいいのですね。次の英語でいいでしょうか。
He said to many senior high school students "If you take this medicine, you will get slimmer than now," so they bought one. But later **they found that medicine was fake**.
　（彼は多くの高校生に、この薬を飲んだら今よりもやせられるよ、と言ったので、高校生たちはそれを買った。が、のちに薬はニセものだとわかった）」

N)「いい表現ですよ。逮捕する、は、arrest という単語そのもの、あるいは、逮捕すると『警察に連れて行く』わけですから、take the criminal to the police、さらには、捕まえる、から、catch the criminal とも表現できます。情景発想の例として、次の英文を参考にしてください。

The Kanagawa Police suspected Mr. Yamada of selling false medicine to many senior high school students and arrested him.」

脱線特別講座 catch と take のちがいをマスターしよう！

catch は、『**目的とするものが動いているものに加わる**』、『**動こうとしているものに加わる**』その結果、『**つかんで離さない**』、『**捕らえる**』を表す。

N)「(電車、バスなど) 動いているものに加わるという意味では take と catch の両方を用いることができます。

take は、動いて加わる、という意味では、

take a chair（椅子に加わる＝座る）

take a bath（風呂に加わる＝風呂に入る）

のように『目的語』が『動くもの・静止しているものの区別を必要としない』のに対して、catch は『動いているもの・動こうとしているものに加わる』を意味する点で、take と異なります。ですから、「動こうとしている電車に加わる」という意味から

You can catch the train if you hurry up.

　（急げばその電車に間に合うよ）

前にもすこし説明していますが、『何が、〜をつかんで離さないか』で、catch を使うと、次のように広範囲な応用ができるのです。

His punch caught me.
　（彼のパンチは確実に私をとらえて離さなかった＝彼のパンチをくらった）

The door caught my right index finger.
　（ドアが私の右のひとさし指をつかんで離さなかった＝ドアに私の右のひとさし指をはさまれた）

The spotlight caught her on the stage.
　（ステージでスポットライトが彼女をつかんで離さなかった＝ステージで彼女はスポットライトを浴びていた）

Heavy rain caught me.
　（雨が私をつかんで離さなかった＝ひどい雨にうたれた）

I caught her.
　（私が彼女をつかんで離さなかった＝捕えた）＝（私が彼女の心をとらえた）

She was caught.
　（彼女はつかまれて離されない状態にあった＝動けない）

She was caught in love.
　（彼女は愛の中にはまり込んで離れられない状態にある＝愛のとりこになっていた）

Her heart had already caught when her family went to the hospital.
　（家族が病院に行った時彼女の心臓はすでに止まっていた）

『動けない』、その結果『止まる』という意味も出てくることになります。her heart caught で『心臓が止まる』を意味します。

A light of a cigarette caught a gas.
　（タバコの火が動いてガソリンをとらえた＝タバコの火がガソリンに引火した）
I could easily catch her because she had a little colorful sweater.
　（彼女はすこし派手なセーターを着ていたので、すぐに分かった）」

応用特訓 12

今夜のテレビ番組『篤姫』は**みもの**らしい。

Q)「先生、みものであれば、その番組をつかんで離さない、つまり、catch を使って、We can catch the T. V. program, "Atsuhime" tonight.

あるいは、

Tonight T. V. programme, "Atsuhime" will be very interesting for us.

The T. V. programme, "Atsuhime" will be very impressive.

Many people will watch the T. V. programme, "Atsuhime"」

N)「見ものであれば、その結果どうなるのか、で発想して、

I can't miss the T. V. programme, "Atsuhime" tonight.

　(そのテレビ番組は見逃せない)

―――のように表現することができますね。

miss といえば、本来の意味というか、miss は lose と併用して理解をしておくといいと思います。脱線しましょう (笑)」

脱線特別講座　miss と lose をマスターしましょう！

lose は『すでに存在したものを失う』、その結果、『なくなる』を表し、miss はその場から『的をそらす、それる』、その結果すでに存在しているものの『**姿が見えない**』という広がりを持つ。

N)「**lose** の意味は『すでにあったものを失う、見失う』を意味します。だから、lose my memory とやると、すでに覚えていた『記憶を失う』という意味になります。

I lost my memory for moments when I had an accident.

　（私は事故にあった時にしばらく記憶を失った）

lose my father とやると、すでにいた父を失う、となります。日本語としてはすこしヘンですが、ニュアンスははっきりしますね。

lose my place とやると、『すでにいた場所を見失う』『場所が分からなくなる』『道がわからなくなる』を意味します。

lose one's way では「自分の通るべき道を見失う」から「**道に迷う**」を意味します。

I lost my **way** while walking here and there.

　（あちこちをあるいている間に道に迷ったのです）

I have lost my way, so please tell me the way to get to the station.

　（道に迷いました。ですから駅へ行く道を教えてください）

lose one's wallet は、すでに存在していた「財布を落とす」となり、lose one's game とやると、すでに戦っている『ゲームを落とす』から『負ける』を意味します。lose one's game to 〜の形で「〜に負ける」を意味します。

We **lost the game** to Waseda team.

　（我々はワセダチームとの試合に負けました）

このようにlose は『すでに存在するものを失う』を表すのに対して、miss は『**的をそらす、それる**』その結果『**姿が見えない**』を意味します。

miss a ball とやると、ボールを的として的をそらすから、その結果『ボールに当たらない』を意味します。つまり『ボールを打ちそこなう』を意味します。

Please try it again and you won't **miss** it.
　（もう一度トライしてごらん。必ず当たるよ）」

Q)「ここでのmiss は『当たらない』ですか」

N)「そのとおりです。miss は『目的とするところに当たらない』という意味です。『**miss＋動詞ing**』では『目的とする動作からそれる』という意味から『**〜しそこなう**』という意味が出てくるのです。

I've **missed catching it**.
　（それをつかみそこねた）

I've **missed talking** with her.
　（彼女と話をしそこなった）

また、miss〜とやると『存在している姿が見えない』『見落とす』の意味で用います。

I missed the landmarks.
　（その目印を見落としていたわ）

You can find it on your right side. **You can't miss it**.
　（それは右手にあります。**すぐにわかりますよ**＝見落とすはずがありませんよ）

I haven't seen you for a long time.
　（長い間あなたの姿を見てませんね＝久しぶりです）」

Q)「では『姿が見えない』はどういう時に用いるのですか」

N)「『見落とす、その結果『姿が見えない』となりますね。
Five people are **missing**.
　(5人の姿が見当たらない＝5人が**行方不明**である)」
Q)「行方不明になった人を『主語』にもってくるのですね。
My wallet is missing. とやると『財布が見当たらない』という意味で用いることができるのですね」
N)「そうです。そういうふうに使うといいのです」

応用特訓 13

議員の7割近くがその法案の制定に賛成した。

Q)「これは、大丈夫です（＾＾） 賛成する、は、賛成するとは yes と言う(say)でしょ。ついでに言えば、反対する、は say "no" と考えればよいのでしょ」

N)「そのとおりです」

Q)「法案、というのが出てこないのですが」

N)「法案は、bill。そして、案を提出する、は、bring a bill。でも、法案という単語は知らなくても、法律、という単語はわかるでしょう」

Q)「はい。law です。あ、そうか。make a law でいいのか。こつがわかってきました（笑）。次の表現でどうですか。

About 70 percent of politicians said "We will say "Yes" to the law".

　（およそ 70% の議員が、もしもその法律を作るならイエスと言う＝賛成すると言った）」

N)「そうです！ その発想です！ ついでに言えば、『賛成する』は、次のようにも表現できます。

We are for the law plan.
　（＝We will go for the law plan.）

と表現することもできます。

for は『ある理由があってそれを受けとめて返す』を意味します。for だけでも、『賛成する』という意味が出てくることになります。さらに、go for でより賛成の意味がはっきりしてきます。

70 percent of politicians said "It is a good law plan".
（70％の議員がいい案だと言った）」
Q)「反対している、は be not for the law plan ですか」
N)「そのとおりですが、against が使えます。
We are **against** the law plan.
（我々はその法案に反対である）
───明解でしょう。脱線講座をしますか（笑）」
Q)「待ってました！」

脱線特別講座　againstの使い方をマスターしましょう！

> againstは『〜に逆らって』、その結果『〜されて意のままにならない』、『損、害を受けて』を表します。つまり against はいつも『何からの犠牲、痛みを受けて』、『負担をになって』という、つらい、かわいそうな前置詞である。

N)「We are against the law plan. さきほど使いましたが、通常、against の意味をどう覚えていますか」
Q)「辞書で引いても、『〜に対して』とか『〜に向かって』と言う意味ですが」
N)「もちろん、それはそれで正しいのですが、against のマインドというか、もっと本質のところから理解しておくと、さらに意味がよくわかるようになりますよ。本当の **against** は『〜に逆らって』、その結果『〜されて意のままにならない』**『損、害を受けて』**という状態を表すのです。つまり against はいつも何からの犠牲、痛みを受けて、あるいは負担をになっ

て、というつらい、かわいそうな前置詞なのです」
Q)「では『主語によってやられる』という受け身の意味あいが強いのですか」
N)「そう、そうなんです。
He hit against her.
彼が殴り、そして、彼女がやられた、を表します。
He sailed against strong wind.
強風に耐えながら、彼はボートを操縦したわけですね。
雰囲気がよく表現されているでしょう。
このように『逆らって』というよりは、『逆らう、その結果、被害を受ける、損をこうむる、痛みを覚える』などのように『ある思わしくない結果に追いやられる』という意味あいが出てくるのです」

> **応用特訓 14**
>
> タンカーが転覆。原油流出で、海苔の損害救えず。

Q)「原油は、辞書を引くまで、crude oil だと知りませんでした。単に oil でも通じますね」

N)「誤解しないでください。正確な単語をよりたくさん知っているに越したことはないのですからね（笑）。明日香出版社から『連鎖式英単語』という本も出していますので、参考にしてください」

Q)「転覆は、『船がひっくり返る』わけで、すぐに turn over（くつがえす、ひっくり返らせる）が浮かびます」

N)「そうです。単語やイディオムを知っておくことも大事なんですね。そうすると、いろいろに表現できます。

The boat turned over.
　（船がさかさまになった＝船が転覆した）

The boat sank.
　（船が沈んだ）sink–sank–sunk

The boat went under the sea.
　（ボートは海の中にいってしまった）

さらに capsize（転覆する）という単語を知っていれば **The boat capsized**.（船の頭から下に向う）」

Q)「たしかにズバッと単語や熟語を知っているとそれで用が

足りることもありますから、情景発想法に強くなることと平行して、そういう勉強も必要ですね」

N)「そうなると、いっそう英語が面白くなることはまちがいありません。さて、『**原油流出**』は、もう要領がわかってきたと思いますが、私の方でやってみましょうか。

Oil spilled out.
　（油が外に流れ出た）

A lot of oil was floating in the sea.
　＞原油が流出し、その結果、油が海に浮かぶと発想する。

『海苔の損害救えず』は、おなじ要領ですね。
It **killed** a lot of the sea grass around there.
　（そのことが多くの海苔を台無しにした）
　＞海苔を台無しにする、すなわち kill を用いる。

油が流出した近辺を表す意味で、around　there（そのあたりで）を入れるとなおよいでしょう。

私の口語訳を参考にしてください。
The tanker turned over and the oil spilled out, so we could not save a lot of the sea grass around there from the oil spillage.」

応用特訓 15

鳥愛護会の会長が狩猟解禁の時に狩猟していたとは、いったい何を考えているんだ！ 矛盾しているよ。

N)「1つの文章で長い日本語では、『何が言いたいのか』に相当するものを先に見つけだし、それを先に訳せばよいのです。複数の文章の場合、『原因』となる文章と『結果』を表す文章にわけて、and や so（だから）などを用いて表現すればよいわけです。本題では、そのへんの呼吸を学びましょう」

Q)「なるほど。ということは原因となるのは『会長が狩猟をした』ですから、その部分を英語に先に訳せばよいのですね。さて、鳥愛護会はどう英訳するのですか」

N)「鳥愛護会は、野鳥を愛護する会という意味でしょうから、名詞をつないでみるのがよいでしょう。つまり、Bird（鳥を）Loving（愛する）Association（会）から **Bird-loving Association** で表します。鳥と loving（愛している・愛そうとする目的の）をつないで bird-loving で {鳥を愛する目的の} というひとつの形容詞として用いるのです」

Q)「なるほど。矛盾している、もむつかしいですよ」

N)「矛盾をしている、は、英単語でも、熟語でもむつかしいですね（笑）。矛盾は、contradiction。矛盾しているは、do not agree to〜。What you said doesn't agree to your behavior.（あなたが言ったことは行動と一致していないよ）でも、矛盾しているということを情景発想で表現したことになります。結果として、〈矛盾しているなあ〉ということが相手に通じればいい訳ですので。やってみてください」

Q)「はい。どうあれば矛盾をしているのか、ということが表現できればいいのですね。たとえば、鳥愛護会の会長が、実際は鳥を愛護するどころか狩猟をしていた———これで矛盾を伝えることができますね。

実際は狩猟を楽しんでいるわけですから、

①He is hunting. (or he sometimes enjoys hunting.)
　（時々狩猟を楽しんでいる）。

あるいは②彼は鳥を銃で撃った、He shot birds. さらには③彼は鳥を銃で殺した、He sometimes killed birds with a gun. のように発想すればよいのですか」

N)「そのとおりです。さらに『矛盾しているとどうなるのか』で発想すると『彼の行動と言っていることはちがう』から

What he has said is different from what he has done.

あるいは

What he does is **different from what he says**.

　（彼がやっていることと言っていたこととはちがう）」

Q)「狩猟解禁とはいえ、は、たとえ狩猟シーズンがきても、とか、『たとえ狩猟がオーケーであっても』のように発想するわけですから、even though を使えばいいですか」

N)「そのとおりです」

Q)「even though hunting is O. K. during the season

あるいは、

even though the hunting season comes

even though we have the hunting season

　（たとえ狩猟シーズンが来ても）」

脱線特別講座 even though の使い方を覚えましょう！

> though は『～するけれども』を表す接続詞。ある動作を目的とする場合、『障害があるが、～だ』、『障害はないが～だ』のように、**障害の有無**がある時に用いる。
> だから though を用いると though を用いた文章が、肯定的ならもう一方は否定的であり、though を用いた文章が否定的であるならもう一方の肯定的な内容の文章に用いる。

Q)「even though は『～であっても』を表わすことはわかりました。even if とのちがいは、どういうことですか」

N)「微妙なちがいによく気がつきましたね（笑）。
普通、ありうる場合に『～だけれども』は though を用い、それよりもありえない場合は **even though**（よくありがちな場合に、～と言う場合であっても）を用います。
それよりあり得ない場合は『仮にあっても』という **if** を用い、それよりも『あり得ない』を強める場合は **even if**（めったにないが仮に～しても）を用います。つまり、『稀な場合の仮定』に使います。

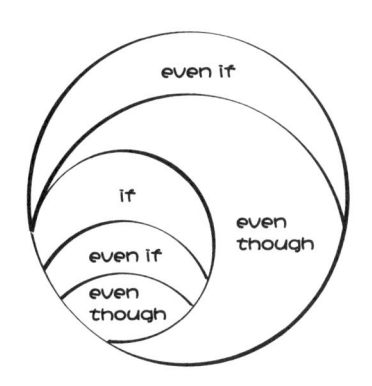

Even if you try it, it will be very hard for you.

（たとえやってみても、君にはとてもむつかしいだろう）

Though you try it, you can't do it.

（君がそれをやっても、それはできないよ）

Last night he came to see me **even though** he was very busy.

（昨晩彼はとても忙しかったが私に会いに来てくれた）

さあ、ここで、私の口語英語を述べておきます。

The chief of the Bird-loving Association always says to us "We must love birds", but he hunts them. The law says "hunting is OK", though. We can't understand it.

（鳥愛護会の会長は我々にいつも『我々は鳥を愛さねばならない』と言っていながら法律で狩猟がOKであれば狩猟をしている。我々には理解できないよ）」

応用特訓 16

> このままでは石油は底をつく。資源節約に努力が必要である。

N)「石油が底をつく、は、石油が底をつく時が来る、と発想すればいいわけです。こういうときの表現のためには、A time will come when～の構文に慣れておきましょう。

A time will come when you come to understand me.
　（あなたが私のことがわかってくれる時が来るでしょう）
surely を挿入しますと、より意味が強くなり、surely come when ～で『～するときが必ず来るだろう』を表わします。
A time will surely come when I have to tell him the truth.
　（私が彼に真実を言わねばならない時が必ず来るだろう）」
Q)「その構文を使うと、『石油は底をつく』は、その結果、石油をまったく使えなくなる時期が来るだろうと発想します。
A time will come when we don't have any oil at all.
　（油が全くない時が来るだろう）
time は通常、冠詞をつけませんが、a time～when～はイディオム的な表現に用います。
次に、『資源節約』とは『エネルギーを救う』と発想して、save か help を使って、save energy とは表現したいですが」
N)「発想の道筋は、いいですよ。ただ、単語の知識がうろ覚えかな（笑）。というのは、help と save とでは意味が異なるのですよ。脱線講座といきますか（＾＾）」

> [脱線特別講座] **help と save の使い方をマスターしよう！**

> **help** は『助ける』という意味では『**手伝う**』『**手助けをする**』その結果『**役立つ**』を意味する。
> **save** の本来の意味は『**失うものから守る**』その結果『**残す**』『**たくわえる**』という意味になる。

N)「help の本来の意味は、『あなたの力になる』、あなたの手助けをしてあげるよ』、その結果『助ける』を表します。だから、『手伝う』、『手助けをする』、その結果『役立つ』を意味することになるのです。

Help me！（助けて！）の形以外では、help は、手助けをする、の意味で用いるのが普通です。

I will help you.
>『あなたの手助けをしてあげる』という意味が出てきても、『あなたを危険から守る』すなわち『救う』という意味が必ずしも出てきません。

May I help you?
>『何かお役に立てることは』、その結果『何をいたしましょうか』という意味が出てくるのもこのためなのです」

Q)「なるほど。では、save はどういう意味ですか」

N)「save の本来の意味は『失うものから守る』、その結果『残す』、『たくわえる』というものです。あなたを危険から守るを意味するのです。help よりも〈救う〉と言う意味では強い動詞なのです」

He **saved** the child from **the** fire.

(彼は火災で失うべき子供の命を救った)

I must save more money to go to Australia.

(オーストラリアに行くためにお金をもっと貯めなければならない)

　＞本来なら使ってしまうべきお金を使わないで残して貯める、を意味します。

次の例文を見てください。

①その仕事を手伝ってあげよう。

I will **help** you **with** your work.

　＞注意してください。I help your work とは言えません。どうしてかというと、help（手伝う）は、人の手助けという意味であって、仕事を手助けするという意味ではないのです。help の目的語は、you なのです。

そして、with your work となるのは、次の理由です。with には主語以外のものが『同時に加わって』、『同時に加えられて』を意味するのです。

I will go there with you.

───私もそこへ行くが、同時にあなたもそこへ行く、を意味します。さきほどの I will help you with your work. では、with your work を用いると『あなたに仕事を差し出されて』を意味しますので、全文の訳は、『あなたに**その場で差し出されたその仕事に対して**手助けする』を意味します。ここで、関連表現として覚えておいてほしいのは、

I will help you in the job.

　＞with のかわりに in を使うと『ずっと継続してきた仕事を手助けする』を意味します。

with your job は『その場であなたに差し出された仕事』であ

り、in your job とやると『ずっとやってきたあなたの仕事』を表すのですね。前置詞ひとつで、意味合いがすとんとかわってしまうのですね。なんか感動しませんか（＾＾）

②この本は役だった。

This book helped me.

――help が『手助けする』、その結果『役立つ』という因果関係で意味が広がるのです。おなじく、

This map **helped** me.
　（この地図は役だった）

③コーヒーを残しておいてください。

　（Please **save** coffee.）

save には『残す』という意味があるので、『本来なら誰かが飲んで無くなってしまうところを残しておく』というマインドになります。

④スピーチのために声を大切に守りなさい。

You have to **save** your voice for the speech.
　＞スピーチで大声を出せば、声を痛めることになるのを守る、と考えてください。

⑤彼はその子供を転落から救った。

He **saved** the child from falling **off** the roof.
　＞転落するという危険から救うので save を用います。子供が屋根から落ちるところを救った、となります。

save は、本来なら失うべくものをその場で『救う』、その結果『守る』という意味が出てくるのです。

save の連続が **keep** なのです。**keep** は『**守り続ける**』、その結果『**ある状態を維持する**』を表すのです。

We have to **keep** the children safe **from** traffic accidents.

(我々は子供を交通事故から守り続けなければならない)

くりかえしますが、save の意味の連続が keep であり、その反対の動詞が kill（＝ ruin ＝滅ぼす、駄目にする）なんです」

脱線特別講座　便利な文末フレーズを覚えましょう！

@with pain（痛くて）

I cried with pain when I broke my left hand.

（左手を折った時、痛くて泣いたよ）

@for fun（冗談で）＝in fun、only in fun（ほんの冗談のつもりで）

I said it *for fun,* so please don't worry about it.

（冗談で言ったんだよ。だから心配しないでよ）

I said *only in fun.*

（ほんの冗談のつもりで言ったんだよ）

@instead（代わりに）

Please do it instead.

（代わりにそれをしておいてよ）

@for free（ただで、無料で）

Can I have it *for free*?

（それ、無料でいただけるの）

I had my car fixed *for free.*

（無料で車を修理してもらった）

@for a change（気分転換のために）

Shall we go driving somewhere *for a change*?

（気分転換のためにどこかへドライブしませんか）

@as it is（as it does）（現状のままで）

Please leave it *as it is*.

（どうぞそのままにしておいてください）

@on purpose（わざと）

He broke the window *on purpose*.

（彼は窓をわざとこわした）

@all the way（わざわざ）

Thank you very much for your coming *all the way*.

（わざわざあなたに来ていただいてありがとうございます）

@on the other hand（一方では）

He smoke cigarettes but he is the chairman of the Anti-Smoking Association *on the other hand*.

（彼はタバコを吸っているが、一方では禁煙会の会長である）

> **脱線特別講座** kill の使い方を覚えましょう！

N)「次の例題を kill を用いて英語にしましょう。Kill は、『殺す』、『滅ぼす』という意味と、その結果『だいなしにする』、『ムダにする』という広がりをもつ動詞なので、とても使い方しだいで、便利。

①『長引く不況のせいか若者たちが将来の希望を失っている』

A long bad business condition will ***kill*** the young people's hopes in the future.

　＞長い不況が若者たちの希望を kill（だいなしにする）と発想。

②『お茶と飲むと、この薬は効かないだろう』

Tea will ***kill*** the effect of the medicine. effect＝（薬の）効果
　＞お茶はその薬の効果を kill（効かなくする）と発想。
③『名神高速道路で交通事故が発生、5名が死亡した』
Five people were ***killed*** in the traffic accidents on the Meishin High Way.
　＞名神の交通事故で5名が死んだのは、交通事故で5人が殺されたと発想。
　（新聞、雑誌などのかたい英文では）、
The traffic accident ***killed*** five people on the Meishin High Way.
④『二島を結ぶ橋もこれだけ利用客が少ないのでは、巨額を投じた意味がない』
They used a lot of money to make a bridge between the two islands, but the people don't use it very often, so it will ***kill*** the money.
　＞巨額を投じた意味がないは、その結果『巨額のお金をだいなしにした』と、kill を用いる」

応用特訓 17

地球の温暖化をくい止めるために、われわれにはより活発な論議が必要です。

Q)「地球温暖化ということばは毎日、TV、新聞、雑誌に登場していますね。global warming ですね。これは単語として知っていましたが、情景としては、The earth is *getting warmer and warmer.* これでいいでしょうか」

N)「いいですね。あるいは、温暖化というのは地球の気温が以前よりも高くなることですから、the temperature of the earth is higher than before でもいいです。そして、くい止めるは、どうすればよいのかで発想すると、それを止める方法を見つけなければならない。We have to **find a way of stopping it**.

「温暖化をくい止めるためにはより活発な論議が必要です」は、その結果『どうすればよいのか』で発想すると、

①『我々はそのこと（＝温暖化）について多くの人々と話をしなければならない』

We **have to talk to many people** about it.

②『我々はそれを理解しなければならない。だからそのことについて多くの人々と話をしなければならない』から

We must understand it, so we need to talk about it with many people.

③『我々はそれを止めなければならないので、多くの人々と話し合わねばならない』

We **must** stop it and talk with many people.
④『そのことが地球の自然を滅ぼすだろう』
It will kill the nature of the earth.
⑤『そのことが我々に危険感をもたせる』
It will make us feel we are in danger.
などを発想し、so we have to talk to many people about it. へとつなげればよいのです」

Q)「より活発な論議が必要です、は、その結果『多くの人と協力をして話をしなければならない』わけですから、We have to co–operate with〜とか、協力すると、多くの人々と握手をする、つまり shake hands を用いて、We have to shake hands with many people（多くの人々と握手をする）を用ればよいということですか」

N)「そうなんです。今のように**比喩的な表現**を用いれば中学英語で十分言いたいことを表現することができるのです」

Q)「そうすると、次のように言えばいいのですね。

The earth is getting warmer and warmer, so we need more time to talk about it and we must **shake hands with many people** to save the earth.」

N)「Well done！　すばらしい！

ただ、shake hands は『仲良くする』を表すので、『協力する』は **join** hands ということを覚えておきましょう」

Q)「え〜と、質問！『〜する方法』とか『〜の仕方』は、how to〜でよいのですか。なにかルールがありますか」

N)「脱線講座ですね（笑い）」

脱線特別講座　a way of〜と how to〜のちがい！

> 「〜の仕方」、「〜する方法」は、これまでやってきたこと、すでにやってきていることのやり方、方法を聞く場合は肯定文では a way of を用い、これからのやり方、方法を聞く場合、疑問文や否定文では how to を用いる。

N)「how to〜の本来の意味は『どうやるかわからない』、その結果『**どうやればいいのかをたずねる**』というところにあります。ですから、『**どうやるかわからない**』という意味では否定文に用い、その結果『どうやるかをたずねる』となるので疑問文に用いるのです。例えば、

Please tell me **how to** get to the station.

『どうやって駅に行くのかわからない』という背景があり、その結果『どうやって駅に行けばいいのかを教えていただけませんか』という依頼を意味するのです」

Q)「なるほど。ここでの please は Will you please〜？ の意味で用いているわけですね。実質、疑問文だから how to〜を用いているのですね」

N)「そのとおりです。

Please tell me the **way to** get there.

―――『依頼』の意味で肯定文扱いとしているのです。つまり、please は『肯定文と疑問文の２つの顔を持っている』ということですね」

> **脱線特別講座** 比喩的な表現を覚えてしまおう！

①仲良くやっていく（shake hands with）

We would like to **shake hands with** you.

　（あなたとは仲良くやっていきたい）

　　＞『仲良くやっていく』、『協力する』の意味で。

②暴力をふるう＝punch（げんこつで殴る）

He **punched** her.

　（彼は彼女をこぶしで殴った）

　　＞『暴力をふるう』は比喩的に『げんこつで殴る』で。

③脅迫する＝say～with a knife（もので脅かす）

The man with a knife said to her "Get out!"

　（男は彼女をナイフで脅して"出て行け"と言った）

　　＞ナイフを見せる行為で、脅迫行為は十分。

④武器＝arms

We must say to them "Don't use **arms**."

　（彼らに『武器を使うな』と言わなければならない）

　　＞武器は、腕力から武力の意味を象徴。armed forces＝軍隊

⑤協力＝hand

We need your **hand** to do it.

　（それをするにはあなたの協力が必要です）

>『手をかしてもらう』で『協力』を意味。

⑥努力＝sweat（汗。perspiration が普通）

We must have **sweat** to get more money.

　（さらに儲けるにはもっとわれわれは努力をしなきゃ）

　>努力は、sweat（汗）＝perspiration で象徴。

⑦困ったこと、苦労の種＝headache（頭痛）

I have a **headache** to think of her.

　（彼女のことを思うと頭が痛くなるよ）

　>headaches は、『困ったこと』、『頭痛の種』の意味。

⑧成功する＝make money

He opened a shop in front of the station and **made a lot of money**.

　（彼は駅前に店を出して大儲けをした）

　>お金を儲ける（get money）は、成功の意味にも。

⑨高利貸し＝a loan shark

Why did he borrow the money from the **loan shark**?

　（どうして彼はあの高利貸しからお金を借りたんだろう）

　>人を食い物にする高利貸しは、強欲の象徴のサメで。

応用特訓 18

嫁と姑（しゅうと）は、いつも骨肉の争いを展開している。先日も嫁は、姑さんの一言にぶちきれていた。どっちもどっちで、頭が痛い。

Q)「どうあれば骨肉の争いか、といえば、彼の奥さんと彼のお母さんが、いつもケンカしているわけですから、たとえば、彼の母と嫁（daughter-in-law）は、おたがいにののしりあっている情景を描きます。

His mother and her daughter-in-law said to each other "You are a **demon**"

（姑と嫁とがお互いに『あなたは悪魔だ』と言い合っている）
あるいは、ケンカをいつもしていたのですから、fight each other はどうですか」

N)「発想はいいですが（笑）、fight は、戦闘、戦争、殴り合いなど暴力をイメージするので、こういう場合は fight を使った表現は避けてください。quarrel with… (…と喧嘩する) がいいでしょう。

His mother is always quarreling with her daughter-in-law. (They are quarreling.)

さらに、お互いに憎しみあう＝hate もいいかも。

They have hated each other for a long time.

（お互いに長い間、憎しみあっていた）」

Q)「嫁が姑さんの一言にブチ切れていた』をどう表現するかですが、ブチ切れであれば、その結果、ひどく怒っていたで、

His wife was very angry at her mother-in-law for what she said.

(嫁は姑のことばにすごく怒っていた)

さらに、angry よりも mad の意味が強いので、

She was mad at her mother-in-law.

(彼女は姑にかなり腹を立てていた)

あるいは、

She felt like saying to her mother-in-law "Go away!"

(彼女は姑に『出ていけ』と言いたいような気になった)

のように表現すれば『ああ、嫁と姑の争いは凄いことになっているな』という情景がでてきますね。

どっちもどっちは、どちらとも言えないと解釈して、

Either would be fine.

どうしてよいか自分にもよくわからない、と解釈して、

I don't know how to do it.

そのことを考えると頭が痛いよ、で、

I have a headache when I think of it.」

N)「ずいぶんできるようになりましたね」

脱線特別講座　cover の使い方をマスターしましょう！

cover は、『覆(おお)う』、その結果「補う」を意味する。cover は**『覆う』**ことによって、その結果『見えるところを覆い隠す』という意味と**『覆って足りないところを埋め尽くす』**という意味の広がりをもつ動詞。

N) cover は『足りないもの』があるとします。その足りないものが、water であっても、food であっても、money であって

も何でもよいのです。cover があればこの世の一切のものを補うことができるのです（笑）。すこし形式ばった表現になりますが、知っておくと便利です。

Her charming smile *covers* her weakpoint.

仮に、あなたの恋人が some weakpoint（なんらかの欠点）を持っているとしましょう。でも、何かが、その欠点をおぎなって覆い隠してくれるというようなときに使うわけです。

This magazine *covers* her 4-page scandalous story.

　（この雑誌は彼女の４頁のスキャンダルの話題を載せている）

かたく言えば、この雑誌は〜を補ってくれている、という意味ですね。cover を用いる背景には必ず『足りない』という状況がある時に『満たしてくれる』、『補ってくれる』その結果『救う』を表現するという、頼もしい動詞です。

These food stuff would be good enough to *cover* their hunger.

　（これらの食糧は彼らの飢えを救うだろう）

　＞不足の食糧を満たしてくれる、の意味。

His courage *covered* her life when she was drowned.

　（彼女が溺れた時に彼の勇気が彼女の命を救ってくれた）

　＞彼の勇気が彼女の命を満たした─〉彼女を救った。

5,000 yen per month *covers* the traveling fee.

　（月々5,000円でその旅行代が払える）

　＞月々5,000円で旅行費用を満たしていくから、払えた。

10,000 yen *covers* the price of the sweater.

　（1万円あればそのセータが買える）

　＞1万円あれはそれを買う費用がまかなえる。

このように、単語の本来の意味を知り、自分の意思で言葉を創造することができてはじめて単語をものにしたと言えます」

応用特訓 19

出会い系のサイトで知り合った女性に無理に高額な商品を買わせていた男が逮捕された。

Q)「うわ〜。出会い系サイトなんて、英語でどう言うのか、お手上げですよ」

N)「出会い系サイトは英語でどういうのか、なんて考えこまないでください。要は、携帯電話を通じて、知らない人同士が会話をはじめるわけでしょう。携帯電話はa cellular phone です。ですから、携帯電話を通じて、から through a cellular phone または through a portable phone でもよいのです」

Q)「なるほど、道が見えてほっとしました」

N)「私もよく知りませんが（笑）、出会い系であれば、その結果、最初は、

How do you do?（はじめまして）、偽名であっても、

My name is〜（私の名前は〜です）、とやるでしょう」

Q)「ああ、はい」

N)「ですから、はじめましての電話として、how-do-you-do を形容詞として用いて a how-do-you-do phone call、と発想します。または、Deaikei Site or a how-do-you-do call through a cellular phone（セルラーホーンを通じてのはじめましてコール）と訳します。出会い系サイトは、日本語ですから、日本語ではこう言うが、英語ではこう言うというときは必ず or をつけて、Deaikei Site or〜の形で用います。Kinkakuji（金閣寺）or Golden Pavillion のように」

Q)「なるほど。わかります」

N)「知り合いになる、は『知るようになる』(come to know)を用いることができます。come はここでは『近づく』を意味します。ですから come to〜で『〜するのに近づく』から『〜するようになる』の意味で用います。

come to understand it であれば、その心は『それを理解するという目的に近づく』から『それを理解するようになる』を表し、come to notice it とやると『それを注意し始める』、『気づくようになる』を意味します。

I came to know her through a how-do-you-do call to my cellular phone.

　(私は彼女と携帯電話を通して知り合いになった)」

Q)「『無理に買わせる』は make を用いればよいのですか」

N)「それも使えますが、ここは『圧力を人にかける』を表す press (させる) を用いるほうがいいでしょう。

The police caught the man because a woman came to know him through how-do-you-do call to her cellular phone or Deaikei Site. He told her a lie and pressed her to buy some expensive goods later on.

　(警察が男を逮捕した。というのはある女性が携帯電話で出会い系サイトを通じて彼を知るようになったが、後に彼は彼女に嘘をついて無理に高価な商品を買うようにさせた。彼女は買いたくなかったが、買わなければならなかった。)

———のようにです」

Q)「なるほど。長い文章になりますが、情景発想で表現するとても簡単な表現で済ますことができますね」

> **応用特訓 20**
>
> 干ばつに見舞われている北部アフリカは、緊急援助でアメリカから届けられたトウモロコシの受け取りを「遺伝子汚染」として拒否している。

N)「なんども言いますが、どんな長い文章も短い文章の積み重ねと考えてください。まず、この文章では主文は『何が言いたい』のですか。そこから考えます。

North Africa said to America "We can't get your corn".

　（北部アフリカはアメリカにあなたがたのとうもろこしを受け取ることができない）

―――と言えばいいのです」

Q)「えっ。そんな簡単でいいのですか」

N)「そうですよ。ズバッとポイントは通じますね」

Q)「では、干ばつの表現ですが、発想してみます。

①『長く乾いた天気』から long dry weather を用いて

In Africa they have had long dry weather.

②『雨が長く降っていない』から

In Africa, they have had no rain for a long time.」

N)「素晴らしい。それで『言いたいこと』は言えています。さらに、The crops in the fields were alomost dead. こう付け加えると、いっそう情景は鮮明に伝わります。もっとも『干ばつ』(drought)を知っていれば、In Africa they had drought、と表現できますね。単語をたくさん知っておくほど、会話はスムースになりますが、知らないときでもお手上げにならないで、会話を続けるためのとっておきの方法が情景発想ですからね」

Q)「なるほど。でも『遺伝子汚染』というのは中学英語での情景発想では無理でしょう」
N)「あきらめないでください。こういうときこそ情景発想の出番なんですよ(笑)。英会話ですよ。genetically modified corns(遺伝子汚染)という単語がわからなくても、要は遺伝子汚染していれば、どうなっているか、を発想するのです。

This corn is dirty. We carefully examined it.
　(とうもろこしを検査したけれども汚染している)
These corns are bad, so we can't eat.
　(とうもろこしは悪くなっているので食べられない)

───とでも、なんとか話すようにしましょう。いいですか！ 遺伝子汚染という、1つの単語がわからないからと言って、沈黙する、というクセをつけてしまうと、いつまでも英語は話せませんよ。私の情景発想による英語を見てください。カンペキではありませんが、とにかく同じような趣旨を伝えていることをわかってください。

Northern Africa said to the U. S. "We thank you very much for sending us corn very quickly, but we've found that it's too dirty to eat, so please send us some more very quickly.
　(アフリカの北部がアメリカに言った。『コーンを送ってくださり、ありがとう、しかし、それらがあまりにも汚染していて食べることができません。至急、新しいものを送っていただけませんか』と)」

応用特訓21

ソウルに上陸した台風は、北朝鮮でも多数の死者、行方不明者を出した。多くの田畑が冠水し、収穫は絶望的と報じられており、食糧難がさらに加速することが懸念されている。

Q)「これはいけそうに思います。台風が上陸した、は簡単に情景として述べれば、次のような英文になりますね。

① (台風がソウルに行った)

The typhoon went to Seoul.

② (台風がソウルを通過した)

The typhoon passed through Seoul.

③ (台風がソウルのコースをとった)

The typhoon took a course to Seoul.

　>take a course to Seoul は、台風がソウルのコースに動いて加わる、つまり「ソウルに進路をとる」という意味。

④ (台風が北朝鮮を攻撃した)

The typhoon attacked North Korea. とも

⑤ (北朝鮮では台風を持った=『彼ら+台風』)

In North Korea ,they had a typhoon. 」

N)「いいですね。どんどんいきましょう！」

Q)「はい。次は、『冠水する』の表現ですね。冠水した、その結果どうなるのかといえば、『田畑が水の下になる』という発想もありますね。Their rice and crop fields are under water. あるいは、sink in water（水の中に沈む）の形で用い、

Their rice and crop fields sunk in water.

（彼等の田畑は水の中に沈んでいる）
―――でよいのですか」
N）「いいですよ。さらに『氾濫する』、その結果『あふれる』を意味する flood を知っていれば、
Their rice and crop fields are flooded with water.
―――のように表現ができます。あるいは、overflow（水が溢れでる）を用いると、The rice and crop fields are overflowing with water. のように表現できます」
Q）「なるほど。先生、below と under はどうちがうのですか」
N）「below は『ある基準、場所よりも下に』という意味と、その結果『～に満たない』を意味します。たとえば、people below the age of 20（20才という年以下ですから 19 才、18 才、17 才は below の世界です。under は『～を受けて、』その結果『～の下になる』を意味するのです。『～を受けて』という意味では、『あなたの助けを受けて』であれば、under your help であり、under his presence of～であれば『～に出席してもらって』を表わします。この意味で under water とやると『水を受けて』の意味からその結果『水に沈んでいる』の表現にもなります」
Q）「では、次へ行きます。『収穫は絶望的』であれば、その結果『彼等のすべての収穫がダメになる』と発想すると、kill や ruin が使えますね。
Their rice and crops were destroyed by the flood.
Their rice and crops were ruined by the flood.
さらに『収穫がゼロである』、『かれら＋no harvest』と発想すると、
They will have no harvest after this.

（この後の彼等は収穫がまったくないだろう）
———のようにも表現できますね。
『食料難』も、何がどうあれば食糧難になるか、と発想すると、ばんばん出てきます（笑）
① （食料が少なくなる）
They will have less food. They have little food.
　＞『they have〜』。〜を less food、little food と発想。
② （かれらの食糧は十分ではない）
Their food is not enough（or insufficient）. あるいは They don't have enough food.
③ （かれらは明日から食べていけないだろう）
They won't be able to eat from tomorrow.
④ （かれらは食料不足になるでしょう）
They will have a lack of crops.
　＞『食料がなくなる』という情景で、lack や fail を使う。lack は『欠乏』、『不足』の名詞があるので、they と lack of crops を have でつなぐ。
⑤ （かれらは明日から生計を立てていけないだろう）
They will not be able to make a living from tomorrow.
　＞前後の関係から『食料不足のために』を入れなくても OK.
⑥ （食料を失ってしまった）
They have lost their food.
⑦ （貧しい生活を送らねばならないだろう）
They will have to live a very poor life.
⑧ （かれらは生活に困るだろう）
They will have trouble in their life.
⑨ （食料がなければ生活ができない）

They can't live without food.」

N)「すばらしい！いろいろと情景発想できましたね。細部の表現はともかく、切実にアピールしたいのは、次の表現ですね。They had a typhoon so their rice and crop fields are under water, so they won't be able to eat from tomorrow.

―――これだけ言えば、『ああ、かわいそうに。食糧難であると同時にどうやって生計をたてていくのだろうか』という切実さを表現することができます。あとは、細部を補って表現していけば、言いたいことは十分に伝えられますね」

脱線特別講座　fail の使い方をマスターしましょう！

> fail は『本来のものから離れる』、その結果『目的とするものに足りない』、『欠ける』、『至らない』、『失敗する』を意味する。

Q)「えっ？『失敗する』とだけ覚えていましたよ」
N)「それはまちがいではありませんが、『目的とするものに達しない』という本来の意味から、その結果として『失敗する』の意味も出てくるという、ことばのマインドというものを知ってほしいのですよ」
Q)「(彼は試験に失敗した) He failed in the examination.『試験に合格するという目的に達しない』という感覚で fail をとらえればよいのですね」

N)「そのとおりです。『本来のものから離れる』という意味では『見捨てる』、『裏切る』の意味で用います。

I have failed her for three years.

　（私は3年間彼女と疎遠になっている）

主語は『引き離そうとするものや人』です。簡潔で、粋な表現もできるのです。たとえば、『彼のたった一言が彼女を疎遠な関係に追いやった』も、〈引き離そうとしたもの〉は『彼のたった一言』ですので、それを『主語』にします。

His single word failed her completely.

　（彼のたった一言が彼女を見捨てた）

fail が『目的とするところに達しない』という意味では fail to 〜で、『目的とする動作に達しない』から「〜できない」という意味が出てくるのです。

I failed to take a car license.

　（車の免許を取ることができなかった）＝『至らなかった』

The pineapple crops were failing.

(パイナップルの収穫が少なかった)
His heart is failing.
　(彼の心臓が弱る)＝本来の心臓の動きに至らない
Gas is failing.
　(ガソリンが足りない)
　＞『本来のガソリンの量よりも減っている』」
Q)「fail もそういうふうに理解すると意味がよくわかります。『足りない』という意味で short という単語がありますね」
N)「short は『足りない』という意味では、「標準に満たない」を表しますので、lack とは異なります。
They have a lack of food.
　＞『食糧がない』を意味し、
They are short of food.
　＞標準以下の程度で『食糧が足りない』。切実さが微妙(笑)」
Q)「被害が加速する、の情景を『我々はあとになって、より多くの人々が助けてくれ！　というでしょう』と発想します。
We will have more people saying later "Help me!"」
N)「Their damage will get larger and larger.
＝Their damage is going to spread all over the areas.
　(彼等の被害はその地域全体に広がろうとしている)」
Q)「懸念するという意味になるのかといえば『〜の恐れがある(その結果懸念する)』から be afraid＝fear ですね。
We fear that〜
We are afraid that〜
They won't be able to sleep well because〜
They will be upset to fear that〜」
N)「私の口語英語を書いておきます。

The typhoon went to North Korea after passing through Seoul, so many people died and are still missing.

　(台風がソウルを通過し、北朝鮮に向かった。多くの人が亡くなり、いまだ行方不明の状態である)

Their rice and crop fields are under water and almost destroyed by the flood.

　(かれらの田畑は水没し、洪水によって、ほぼ絶望状態になった)

Many more people will say "Give us food" after this.

　(今後より多くの人々が『食糧をくれ』というだろう)」

応用特訓22

異常気象のせいか、サメが日本海の山陰地方のビーチ沿いで見つかった。5メートル近くあるサメの出現で海水浴の客に注意を呼びかけている。

Q)「異常気象であれば長く乾燥した天候が続くでしょうから、We have long and dry weather. とも表現できますか」

N)「異常という感じをもうすこし出したいですね」

Q)「なるほど、狂った天候が長い間、続いているので We've had crazy weather for a long time.

―――でよいのですか」

N)「ええ、雰囲気が出てきました（＾＾）。異常気象が続くの『続く』は、last、continue や be kept も使えます。

Very high temperature has lasted for a long time.

　(とても高い気温が長い間続いている)

Extraordinarily high temperature has been kept for a long time.

（異常なほどの高い気温が長い間続いている）
Abnormal weather has continued for a long time.
　（異常気候が長い間続いている）
もちろん、be 動詞や have を使って、
Recently the weather has been abnormal.
　（最近の気象は異常である）
We have had abnormal weather in recent time.
　（最近、ずっと異常気象である）
―――などとも表現ができます」
Q)「なるほど『サメが日本海の山陰地方のビーチ沿いで見つかった』はその結果、『人々はサメが泳いでいるのを見た』
They could see a shark swimming near the beach in the Sanin area of the Sea of Japan. It was about five meters long.
―――とやればよいのですか」
N)「そのとおりです。どんどん、Go on !」
Q)「海水浴の客に注意を呼びかけている、というのは、その結果、海水浴客に『注意をしてください』と呼びかける。They said to the swimmers "Be careful! "」
N)「素晴らしい！　それでいいのです。おおよそ下記になりましたか。
Someone saw a shark swimming near the beach in the Sanin area of the Sea of Japan though we have never heard such news. It might have come from the crazy weather. The shark was five meters long. They said to the swimmers "Don't swim around here."」

応用特訓 23

多摩川にあざらしが迷い込んだ！ はたして捕獲してやるのが幸せなのか、むつかしい判断だね。

Q)「好奇心が旺盛なら、『見たがる』『聞きたがる』。

Many people wanted to see a seal.

（多くの人々があざらしを見たがっていた）

『あざらしが迷い込んだ』は、その結果どうなるかで、情景発想をしてみます。いろいろ言えそうですが（笑）

① （あざらしが帰る方向を知らない）

The seal won't know the direction to go back.

② （自分の道を失う）

The seal might lose its way.

③ （あざらしは多分さまよったのでしょう）

The seal would go astray.

　＞さまよった方向に進む＝go astray

④ （海への帰り方が分からないでいる）

The seal wouldn't know how to go back to the sea.」

N)「よくできました。『はたして捕獲してやるのが幸せなのか』を英語で言ってみてください」

Q)「その前に『はたして』というのがわからないのですが」

N)「『はたして』は『ゆきつくところ』、『最後には』、『究極は』という意味で in the end を用います。一語で言えば finally です。また、あらゆることを考えた後にという意味から after all を用いることもできます」

Q)「なるほど。次の表現、『果たして捕獲してやるのが幸せなのか』はむつかしそうです。落ち着いて、やってみます。下記のように情景発想してみればいいのではないでしょうか。
① (私は彼女が人間に捕まえられて幸せかどうかが分からない)
I wonder if she would be happy to get caught by a human.
② (彼女は狭い場所で住まなければならないので動物園には行きたくはないだろう)
She wouldn't go to the zoo because she would have to live in a small place.
③ (彼女はそのままにしておいてほしいだろう)
She would like to be left alone.
④ (私に触れないでと言うでしょう)
She will say to us "Don't touch me."
⑤ (彼女を捕まえるのか、多摩川で泳がせておくのがいいのか分からない)
I don't k now which is better, to catch her or to let her swim in the river, Tama.
⑥ (捕らえるべきかどうかは神様だけが知っている)
Only God knows whether we have to catch her or not.」
N)「いろいろな角度から表現ができましたね。しかし、大切なことは、このような練習をするのもどの表現を選ぶのかではなく、どう考えているかです。人の書いた文章を覚えて使うのではなく、自分の頭で考えて判断して、そのことをネイティブに伝える、すべはそのための練習なんですから」
Q)「それはよくわかるようになりました」
N)「大事な、大事なことを確認しあったところで、次の表現に

行きましょうか。『むつかしい判断だね』をどう表現しますか」
Q)「むつかしい判断だね、を情景発想すると、こういうことですね。
日本語で言えば、
①どちらとも言えないよ
②どうしてよいか私にも分からない
③そのことを考えると頭が痛い
④それを選択するのは私にはむつかしい
───などを考えればよいのですね。

そのどれをとっても、意味は伝わりますので、私は
It is very hard for me to choose it.
　　（私がそれを選択するのは難しい）

あるいは、（どちらともいえないな）という感じで、
We can't find a better answer.」
N)「すばらしい。それでいいのです！　この言い方でないとまちがいだというわけではありません。そこで、本項では、あえて私の口語英語も発表しません（笑）。しかし、Qさん、よくがんばりましたね。おめでとう！」

7日目

BRUSH UP! あなたの英語

総仕上げに、
長文も、
コピー文句もこなしてみよう！

英語の法則〉
何が言いたいのか
理由
主張

『急所をおさえて英語にすると通じるのだ！』

〈例題9問〉

〈英語の法則〉 長文の英訳の発想法

N)「さあ、いよいよ、総仕上げの日が来ましたよ。あなたはこれまでの勉強で、ネイティブさんを前にしてもオタオタしないだけの自信がついたことでしょう。
今日は、長い文章のまとめかたを勉強しましょう。どんな長い文章も短い文章の積み重ねです。
では、次の日本語を見てください」

例題 1

昨日よい天気であったので、私は友達と江ノ島海岸へ泳ぎに行った。ビーチでビーチバレーをしたり、潮干狩りをしたり、スイカわりをしたりして、とても楽しかった。よかったので来年もそこへ行きたい。

Q)「こんなに長くなると、どの部分を優先して英文にすればよいのかが、わかりません」
N)「どんな長い文章も文章の交通整理をするとすっきりします。そのために次の法則を身につけてください」

〈長い文章を英訳するコツ〉

（1）『何がいいたいのか』を見つけて、それを英文にする。そして修飾語やその肉付けをする。
（2）どうして（1）の文章を述べなければならないのかという**背景**、理由や、理由が発生する状況を説明する。

> （3）さらに、『**それでどうすればよいのか**』という主張を加える。

N)「この例題では、文章全体のなかでいちばん大切な、『何が言いたいのか』に相当するものを見つけて、それを最優先に英語にしていきます。この文章で何が言いたいのですか」

Q)「えっと…、『私は友達と江ノ島海岸へ行った』という内容ですか」

N)「そうです。1番目に、それを英語にします。

I went to Enoshima beach with my friend.
　（私は友達と江ノ島海岸へ行った）
———これが『何がいいたいのか』に相当する文章です。
2番目に『何がいいたいのか』という内容の『理由、または背景や理由に付随する内容』を説明します。
江ノ島海岸へ行った『理由』は、天気がよかったからですね。
そこで、次の文章が続くことになります。

because we had beautiful weather.
　（なぜならとても天気がよかったから）
3番目に『主張』の部分を述べます。
つまり、『来年またそこへ行きたい』のですから、

I would like to go there next year, too.
　（私は来年そこへ行きたい）
大切なポイントなので、くりかえしますね。

『何がいいたいのか』

　I went to the Enoshima beach with my friend.

『理由』

　because we had beautiful weather.

『主張』

 I would like to go there next year, too..

そして『何が言いたいのか』の修飾語や肉付けというのは、『そこでどんなことをしたのか』とか『〜する時』、『〜するけれども』とかのように『何が言いたいのか』についての説明をします。接続詞を用いて説明する場合は、『何が言いたいのか』の後ろに修飾語句または文をつけて述べます。

つまり『ビーチバレーをしたり、潮干がりをしたり、スイカわりをしたりして楽しんだ』という内容は『何が言いたいのか』のあとに述べればよいわけです。

We had games such as splitting water melon blindfolded, picking up shells, beach volleyball, and so on.

―――これらの部分をあとからつけ加えるのです。

なお、and so on は便利。ここで覚えてしまいましょう。

①名詞の用例を述べる場合

I like sports such as swimming, baseball and so on.

　（私は水泳、野球などのスポーツが好きです）

②動詞＋ing〜で用例を述べる場合

We had games such as splitting water melon with some bar while blindfolding with towel, picking up shells, playing beach volleyball, and so on.

　（私はスイカわり、潮干狩り、ビーチバレーなどのゲームを
　　楽しみました）」

Q)「長い文章もこうすればすっきりなるわけですね」

| 何が言いたいか | それはなぜ？ | ではどうすればよい？ |

N)「それでは、次の文章は短い文章ですが、上の法則のもとに英語で表現してみましょう」

> **例題2**
>
> 妻が友人と海外旅行に行っている間に、友達の証言で彼の不倫が発覚した。

『発想法』

1)『何が言いたいのか』

『彼が不倫していることを友達から聞いた』わけですから I heard that〜とします。

that 以下は、『どうあれば不倫となるのか』で発想すると、彼が他の女性とキスをしているところを見た、のなら、

I've heard a friend of mine saw him kissing another woman.
　（友達から彼が他の女性と口づけをしているのを見たと聞いている）

あるいは、

My friend said to me "Your husband loved another woman."
　（私の友は私に『あなたの夫が他の女性を愛しているわよ』と言った）

ついでですが、不倫をしている、はその結果、『遊びまわる』ことにもなるわけでしょうから play around を用いて、

My friend saw him playing around.
　（私の友人は彼が遊びまわっているのを見たよ）

My friend saw him going to bed with another woman.
　（私の友人は彼が他の女性と寝ているのを見た）

―――というような表現もできることになります。

2)『理由』

ここでは理由ではなく、理由を説明する周辺状況の説明になりますね。

Her friend told me about it.
　（彼女の友達が私に言ってくれた）

そして、そのあとに、次のように補足すればいいのです。

when his wife made a trip to foreign countries
＝When his wife went abroad)
　（彼の妻が外国に旅行したときに）

3)『主張』

『それでどうすればよいのか』という主張は、私なら

I can't understand him.
　（私は彼のことが理解できませんわ）

この例文では『主張』は書いてないですが、自分ならどう主張するかを付加しておくといいです。

まあ、あまり愉快な例文ではないし、次に移りましょう（笑）

例題 3

ある地方では少子化がすすみ、過疎地に橋、空港建設などの税金のムダ使いを止めてと住民が立ちあがり、決起集会を開き、政府に節制を呼びかけている。

N)「この文章では何がいいたいのですか」

Q)「税金の無駄遣いをするな、ということですね。『どうあれば税金のムダ使いなのか』といえば、

Some say to the government "Don't use so much tax.
　———でいいですか」

N)「いいですよ。次に、どうして政府に税金をあまり使うな、という理由を述べます」

Q)「なるほど。たとえば、『人があまり通らないところに橋をかけたり、空港を作るという計画をしている』、つまり、

①because the government is going to make bridges and airports, but so many people don't use them.

———でよいのですか」

N)「そのとおりですが、税金のムダ使い、ということばがありませんね。そこを、『主張』のところで補って英語にすればよいのです」

Q)「次のような英語でいいでしょうか。

They want to say to the government "Don't kill our taxes."

　（政府に我々の税金をムダにするなと言いたい）」

N)「それで言いたいことは伝わります。黙り込むよりははるかにすごいですよ。では、税金のムダ使い、という表現をできるだけたくさん発想してみてください。『何がどうあれば言いたい情景がでてくるのか』『何をどうすれば言いたい情景が出てくるのか』の情景発想法で可能な限り多く発想してください」

Q)「任せてください。なんとなく自信が（笑）

①The government is going to use our taxes to make bridges and the airport, but so many people won't use them.

②The government kills our tax money.

③The government must spend our tax money better.

④The government doesn't know how to use our taxes.

⑤The government must understand our concern and use our money in a more useful way.

⑥We'd like to say to the Government "Don't waste our tax

money."

⑦If you spend our taxes in such way, you must return it to us.
⑧You must save more tax money.」

N)「すごい！　たくさん発想できるようになりましたね。それでは、『決起集会を開く』を表現してみてください」

Q)「どうあれば決起集会を開くという情景が出てくるのか、といえば『会議をもとうとしている＋それは何のための』と発想してみます。

①They are going to have the meeting for it.
②They said "Let's gather and stand up for it."
③They are going to have the meeting to make the government wake up.」

N)「たいへんいいです。ここで、私は次の英文にしましたので、参考にしておいてください。

『何が言いたいのか』

In some countries they want to say to the government "We don't need to have bridges and airports now.

『理由』

Because we have a lower population.

『主張』

I think that the government must use our tax money in a much better way."」

Q)「なるほど。このように整理すると、いとも簡単ですね（笑）」

> **例題 4**
>
> 慢性疲労の回復に漢方薬が見直されている。

Q)「この文章は『何が言いたいのか』といえば『漢方薬がよい』ですね。つまり、
Chinese medicine is good.
これが『言いたいところ』ですね。
そして、それを一度試して見なさいと勧めているので（笑）
We should take Chinese medicine once.
ここまではいいですか？」
N)「はい、すばらしい！」
Q)「次に『理由』ですね。『疲れたら』ということで、if you are tired.———でいいですか」
N)「いいえ、if より when ですね。If を用いる時は『何が言いたいか』を述べる文章は will、can、may、would、should などの助動詞と共に用います。そうでない時は when を用いると覚えておいてください」
Q)「なるほど。when we are tired. そして、次に Many people says "It's very good." この付け加えでよいのですか」
N)「上出来ですよ」

> **例題 5**
>
> ファイトでいこう！リポビタンD！

Q)「何がいいたいのか、は
Please drink Lipovitan D.

（どうぞリポビタンDを）
その理由は『疲労回復』から
when you are tired
そして『主張』は
It's very good. ―――でいいですか」
N）「はい、言うことありません」

> #### 例題6
> 恋人の妊娠で入籍をさせられた悲恋のタレントものがたり。

Q）「何が言いたいのか。『これは悲恋のタレントの物語』というわけですから、
This is a very sad love story about a talent
となり、『理由』は『恋人の妊娠で入籍をさせられた』の部分ですね」
N）「そのとおりです」
Q）「妊娠している、の英文は次のとおり。
His lover was going to have their baby,
　（彼女に赤ちゃんができることになっていた）
そして『入籍させられた』は『その結果、区役所で結婚届けに署名した』と発想します。
so they went to the public town office and signed the marriage–reporting paper.
　（町役場に行って結婚のペーパーにサインした）
これでよいのですか」
N）「ああ、通じます」
Q）「主張は何を言えばよいのですか」

N)「私だったら一言。
Please read it.
　（どうぞ読んでください）」
Q)「なるほど（笑）」

例題 7

子供達を無力感に追い込む週 5 日制の教育無策。

Q)「何が言いたいのか、といえば、教育無策ということから、日本の教育が悪い、と言いたいのですね。
Japanese education is not good.
これでよいのですか」
N)「快調ですね」
Q)「『理由』は、子供達を無気力に追い込むを解釈すれば、その結果『子供たちは学校で勉強きらいになっていると言っているから』でよいのですね。
because the students say to the teachers "We don't like studying at school."
あるいは無気力になれば、勉強に興味がなくなる、から
We are not interested in studying at school.

あるいは、

I have lost my interest to study.

───、と表現したいのですが」

N)「いいですよ。すばらしい」

Q)「そして、たとえ週5日制になっても、と理由の付加説明をするわけで、

though they are going to have two holidays a week.」

N)「though they have a five-day school system.

 （週五日制の学校システムをとっているけれども）

のように表現することができます」

Q)「そして『主張』は、政府はもっとそのことについて考えねばならない

The government must think more about it.

とやればよいのですね」

N)「そのとおりです」

例題 8

若い人はファッションにあこがれているけど、よくあれだけブランドものを買うお金が続くよね。

T)「何が言いたいのか、は、『若い人はブランドものを買うお金が続くよね』ですから、表現として、

I don't understand how they save money to buy famous brand goods.

 （私は彼らが有名ブランドの商品を買うためにどうやってお金をうかしているのか理解できない）

───とやればよいのですね」

そして、『理由が発生する状況説明』として『ファッションにあこがれているけれども』を追加すればよいのですね」
N)「そうですが、気をつけておきたいのは、日本語のファッションはfashionでは通じません。outfitsを使ってください」
Q)「なるほど。ファッションにあこがれていれば、その結果、

① 『彼らはよいファッションをするのに興味がある』
　　(though they are interested in better outfits)

② 『よりよいコスチュームに魅了されているけれども』
　　(though they are charmed by better outfits)

③ 『彼らはコスチュームがいちばん大切であると言っているけれども』
　　(though they think that their outfits are the most important in all.)

などの文句を『理由』として、語句や文章のあとに加えればよいのですね」
N)「そのとおりです」
Q)「そして『主張』といえば、私なりに解釈したのですが
I can't understand their way of thinking.
　（彼らの考えかたがわからない）
つまり、文章にもともと主張が明示されていなかったので自分が考える主張をつけくわえました」

> **例題 9**
>
> 京都まで駅から約 20 分。見晴らしのよい Sky House はあなたに 21 世紀の夢のマイホームを実現します。
> 『来春 4 月 20 日から入居可能！』
> お問い合わせは、
> 222-2222-2222 へ
>
> SKY HOUSE

Q)「うわ〜、これは私には無理ですよ」
N)「なんで？ どうして無理だと思うのですか」
Q)「なんとなく（＞＜）」
N)「仮に分からない表現に出くわしても、1つでも、2つでも言いたいことを表現するのです。それにあなたはこの文章を直訳しようとするからギブアップしてしまうのですよ。
この文章全体を読んで『何をどうすれば言いたいことを伝えることができるのか』、『言いたいことを伝えるにはどうすればよいのか』と発想するのですよ。やることはこれまでのことと同じですよ。そうすると、たとえば、

Please give us a call, 222-2222-2222
　（222-2222-2222 へ電話をください）
if you would like to buy a house.
　（もしも家を買いたいなら）
You can see the beautiful lake from SKY HOUSE.
　（スカイ・ハウスからきれいな湖を見ることができます）
It takes about 20 minutes by train to get to Kyoto Station.
　（京都まで電車で 20 分ほどです）

このように『中学英語』で言いたいことを表現できるのです。1つや2つは表現できるでしょう」

Q)「そうですね。そんな表現の積み重ねですね」

N)「大切なことはこのチラシの文章をそのまま訳すことではなく、チラシの内容がわかればいいわけです、チラシの内容を訳すのです。要するにSKY HOUSEの家を客に買ってもらうような表現を考えるのです。

時間をあげます。もう一度チラシを見てください」

Q)「なんとかできそうです。

SKY HOUSE is very nice.

You can see the very beautiful lake from there.

Please come to SKY HOUSE.

The telephone number is 222-2222-2222

―――これでどうですか」

N)「やりましたね！　それでよいのです。ただ『来春4月20日から入居可能』の部分が抜けていますね」

Q)「来春4月20日オープン、だったら、その結果どうなるのか、で発想すると『あなたは4月20日からそこで住むことができる』ですね。

You can live there from April 20.

これでよいのですか」

N)「すばらしい。完全に通じますよ。このようにチラシであれ、新聞の内容であれ、週刊誌の内容であれ、あなたはあなたの意思と発想力で言葉を創造しなければならないのです。これまで学校で学んだことや覚えた単語、文法はそのための助けとなるものなのです」

Q)「なるほど。これは驚きました。でもこれは口語ですね。

チラシの文章になっていないのではないでしょうか」
N)「それはそのとおりです。文語と口語とではどうちがうのか。文語には文語のマインドがあります。
『口語でも文語でも同じ考え方で文章を書けばよい』と豪語なさる人がいますが、公的な文章はそれなりのマインドがあります。ビジネス英作文のマインドは機会を改めます。文語では、私なら次のように書き改めます。
あくまで参考になさってください」

YOUR DREAM–REALIZED HOUSE!

Million dollars view of the lake Biwa from SKY HOUSE!

Only 20 minutes to Kyoto!

The phone number is 222-2222-2222!

　　　　　　　　　　　　　　　　　　　　　　SKY HOUSE

Q)「ほんとに自信が湧いてきました。ありがとうございます！」

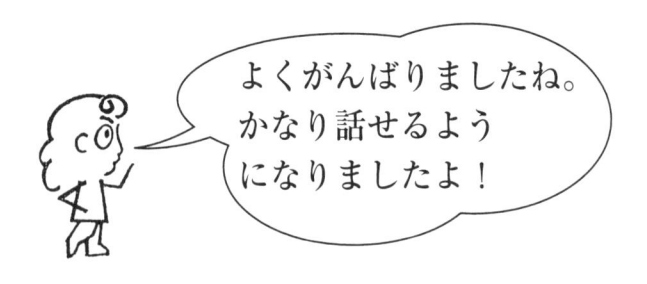

よくがんばりましたね。かなり話せるようになりましたよ！

あとがき

どうですか。
「英語がいとも簡単に話せる」力がつきましたか。

先生の言うとおりに覚えるのではなく、あなたなりに自分の意思と発想力で英語を創造すればよいということがわかりましたか。

英語はどんな場合も因果関係が成立していないとコミニュケーションが取れないのです。**因果関係が成立することによって、人それぞれに、一気に英語の表現力が広がるのです。**

まえがきにも述べましたが、本書を何度も何度もくりかえして読んで、本当の**英語を話すマインド**をまず習得してください。
言葉は創造するためにあるのです。単語も英文法も語法もそのためのものなのです。

もちろん**単語**も知ってる数が多ければ多いほど、会話は成立しやすくなります。
それに**文法の知識**が加わると、英語がより正確に、シャープになります。
だから、時間があれば、どんどんいろんなことを勉強するようにしてくださいね。

自称日本一の熱血英語講師　西村喜久

著者
西村喜久 (にしむら・よしひさ)
元早稲田大学エクステンションセンター講師
西村式語学教育研究所株式会社　代表取締役
1943年11月17日京都市生まれ。
京都外国語大学英米語学科卒業。
同時通訳、企業向けの翻訳のかたわら、これまでの英会話、英語教育そのものに疑念を抱き、滋賀英会話学院（1970年～1996年）を設立。
独自の英語教育を実践。
"英語は限りなくやさしくなければならない"という英語教育の核を求め現在もその研究と実践に取り組む。
2008年　日本文芸アカデミー　ゴールド賞を受賞
＜主な著書＞
『1週間集中！　中学英語でここまで話せる』（明日香出版社）、『連鎖式英単語、この方向、この法則』（明日香出版社）などがある。

英語が1週間でいとも簡単に話せるようになる本
2008年8月14日 初版発行
2024年7月23日 第139刷発行

著者	西村喜久
発行者	石野栄一
発行	まこといちオフィス
発売	明日香出版社
	〒112-0005 東京都文京区水道2-11-5
	電話 03-5395-7650（代表）
	https://www.asuka-g.co.jp
印刷・製本	シナノ印刷株式会社

©Yoshihisa Nishimura 2008 Printed in Japan
ISBN 978-4-7569-1185-8
落丁・乱丁本はお取り替えいたします。
内容に関するお問い合わせは弊社ホームページ（QRコード）からお願いいたします。

すごい！　英語は前置詞だ！

西村　喜久著

中学校の英語の授業でおなじみの前置詞ですが、中学生から大人まで共通して、使い方があいまいになっている方が多いのが現実です。ネイティブとの会話において無くてはならない前置詞をしっかり身につければ、もう英会話はあなたのもの！

本体価格 1300 円＋税　B6並製　248ページ　ISBN978-4-7569-1463-7 11/05 発行

CD BOOK
中学英語の基本のところが24時間でマスターできる本

長沢 寿夫著

読者から届く様々な質問に答えるべく始まったFAX講座。「今までわからなかった英語がわかるようになった！」と大好評の100枚プリントが書籍化！

本体価格1300円＋税　B6変型　216ページ
ISBN4-7569-0972-8　06/03発行

CD BOOK
中学3年分の英語が21時間でマスターできる本

長沢　寿夫著

大好評「中学英語の基本のところが24時間でマスターできる本」の第2巻。前著で基本の基本をマスターしたら、次はこの本でレベルアップ！　見やすい見開き構成、2色刷り、質問券付き。

本体価格1300円＋税　B6変型　216ページ
ISBN4-7569-1002-5　06/07発行

CD BOOK
高校英語の基本のところが24時間でマスターできる本

長沢　寿夫著

「中学英語の基本のところが24時間でマスターできる本」で大人気の長沢先生の第3巻、高校英語。英語が苦手でどうしてもわからない人にオススメ！

本体価格1400円＋税　B6変型　240ページ
ISBN978-4-7569-1145-2　07/12発行

中学3年分の英語を3週間でマスターできる本

長沢　寿夫著

画期的な英語独習法。ビジネスマンのための「やりなおし英語」用にはもちろん、現役中学生の自習用、受験用、さらには高校生、大学生などの「基礎固め」用。中学英語がさらにわかれば英語はわかる。超ロングセラー。

本体価格971円＋税　B6並製　224ページ
ISBN4-87030-180-6　87/12発行

CD BOOK　たったの72パターンでこんなに話せる英会話

味園　真紀著

これでもうフレーズ丸暗記の必要ナシ！「～じゃない？」「～かなぁ」「よく～するの？」「～してもらえない？」「～はどんな感じ？」「～頑張って！」などなど、ふだん使う表現が英語でも必ず言えるようになる。

本体価格1400円＋税　B6変型　216ページ
ISBN4-7569-0832-2　05/01発行

CD BOOK　72パターンに＋αで何でも話せる英会話

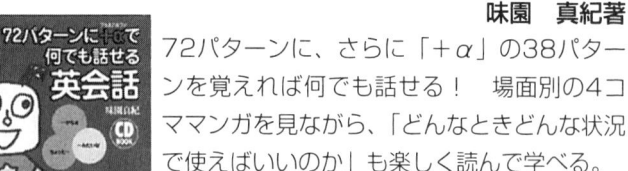

味園　真紀著

72パターンに、さらに「＋α」の38パターンを覚えれば何でも話せる！　場面別の4コママンガを見ながら、「どんなときどんな状況で使えばいいのか」も楽しく読んで学べる。

本体価格1400円＋税　B6変型　216ページ
ISBN4-7569-0931-0　05/11発行